El Dios Cristiano, Sufrimiento y Maldad

Una Exploración del Punto de Vista de la Fe

Daniel Castelo. PhD.

PUBLICACIONES
KERIGMA
Ἐν ἀρχῇ ἦν ὁ Λόγος

El Dios Cristiano, Sufrimiento, y Maldad

Una Exploración del Punto de Vista de la Fe

Daniel Castelo PhD

PUBLICACIONES
KERIGMA
Ἐν ἀρχῇ ἦν ὁ Λόγος

© 2017 Publicaciones Kerigma

Salem Oregón, Estados Unidos

www.publicacioneskerigma.org

Diseño de Portada: Publicaciones Kerigma

Revisión en Español: Licenciado: Gerardo H. Zavala

2017 Publicaciones Kerigma

Salem Oregón

ISBN-10:0-9979958-9-0

ISBN-13:978-0-9979958-9-3

© 2017 Publicaciones Kerigma

Tabla de Contenido

Agradecimientos

Este libro surgió del contexto educativo. Por eso, tengo que dar las gracias a mis estudiantes y colegas por las preguntas y comentarios que me motivaron a pensar más profundo sobre estos temas. También tengo que agradecer a un amigo, Philander Molina, quien tomó la iniciativa para ayudarme en la traducción del libro original, *Theological Theodicy* (Cascade, 2012). Gracias a Wipf and Stock/Cascade por el permiso de utilizar el libro anterior dentro de este formato. Este libro es diferente al original. Espero que este pequeño libro sea de ayuda para el pueblo de Jehová en su peregrinaje espiritual.

Capítulo

1

¿Dónde nos encontramos?

Cada persona en un momento de su vida llega preguntarse sobre el sufrimiento y la maldad. Normalmente, la pregunta es simple pero profunda: "¿Por qué?" Hay momentos donde no podemos entender por qué nos suceden situaciones como una enfermedad, una muerte, una injusticia, etc. Desde el principio, quiero afirmar que esto es parte de la experiencia humana: Cada persona sufre en esta vida. Cada persona siente dolor. Cada persona ha hecho algo malo. Y cada persona sufre una acción mala de alguien más. Es cierto que algunos sufren más que otros; también, hay algunos más malos que otros; de alguna o de otra forma estas son las condiciones en cuales nos encontramos como individuos.

Esto no es algo fácil declarar, pero es la verdad: Los cristianos sufren también. Por un lado, es algo obvio: los cristianos son humanos, entonces si los humanos sufren, también sufren los cristianos. Pero a veces los cristianos piensan que su situación es diferente por ser cristianos. A veces la gente piensa que Jehová los protegerá, que Jehová los ayudará en el tiempo de necesidad, y no están totalmente equivocados. A veces Jehová hace el milagro, a veces Jehová sana, a veces Jehová responde directamente y en la manera deseada. ¡Y gloria a Jehová cuando sucede!; Pero, honestamente, hay veces cuando Jehová no hace estas cosas, y entonces hay que preguntarse: ¿Y luego qué? ¿Podemos y debemos alabar a Jehová en tiempos difíciles cuando Jehová no aparece en la forma deseada? ¿Para qué alabamos a Jehová?

Los predicadores y pastores no dicen lo siguiente con suficiente frecuencia, pero es necesario para que el pueblo oiga: Tener fe en Jehová, obedecer a Jehová, y ser fiel a Jehová son acciones que dan significativo a la vida cristiana, pero estas acciones no garantizan que uno evite el dolor y sufrimiento. Al contrario: Es posible que la vida de un discípulo esté llena de sufrimiento y dolor. El dolor y sufrimiento a veces son maneras de crecer y ver mejor el significado de la vida. Pero en otros casos, es posible que el dolor y sufrimiento aparezcan como algo absurdo para toda la vida. Pero es importante que el lector tome en cuenta la realidad de que lo enfrenta aquí, y el sufrimiento y el dolor, son parte de la vida del discípulo. Esto se manifiesta profundamente cuando tomamos en cuenta a nuestro Señor Jesucristo: Parte de la manera que él nos salva es por medio (y no sin embargo) de la cruz. Mira lo que dice Jesús: "El siervo no es mayor que su señor" (Juan 15:20). Es cierto que este versículo toma en cuenta la persecución ("Si a mí me han perseguido, también a vosotros os perseguirán"), pero quiero ampliar estas declaraciones hasta la condición humana. Pablo toma esto en cuenta cuando dice: "Porque sabemos que toda la creación gime a una, y a una está con dolores de parto hasta ahora; y no sólo ella, sino que también nosotros mismos, que tenemos las primicias del Espíritu, nosotros también gemimos dentro de nosotros mismos, esperando la adopción, la redención de nuestro cuerpo" (Romanos 8:22-23). ¿A qué se está dirigiéndose el Apóstol? No creo que solo es el pecado. Pienso que se está refiriendo a la condición humana caída y de la encarnación, crucifixión, y resurrección de Jesús. Y cuando vemos la vida de Pablo, vemos que fue una vida llena de dificultades hasta su condenación y muerte en manos del imperio romano.

¿Por qué es importante afirmar todas estas malas nuevas, que hay sufrimiento y dolor en esta vida? Yo digo que es necesario porque de tal forma solo podemos ver, recibir, y predicar las buenas nuevas de nuestro Señor. ¿Cómo podemos nosotros ser de bendición a otros cuando nosotros mismos no hemos visto el poder de Jehová en nuestras vidas a fin de poder acompañarlos en su dolor y sufrimiento? Cada persona tiene su cruz en esta vida, y la manera que lo maneja determinará la capacidad que uno tiene para ser fiel a Jehová o al prójimo, tanto en la espiritualidad personal de uno como en el ministerio oficial dentro de la iglesia.

"No Hay Nada Nuevo Bajo el Sol"

La pregunta "¿por qué el dolor y sufrimiento?" es tan antigua como el pensamiento humano. Tan pronto como individuos y sociedades reflexionan sobre el significado de las cosas, se ven forzados a pensar sobre la absurdidad. Epicuro, por ejemplo, plantea una pregunta que luego lo repite David Hume: "¿Está Dios dispuesto a impedir el mal, pero no puede? Entonces Dios es impotente. ¿Puede hacerlo pero no está dispuesto? Entonces es maligno. ¿Está a la vez dispuesto a hacerlo y puede hacerlo? ¿Entonces de donde surge el mal?" (*Diálogos sobre la Religión Natural*). Muchos hoy en día preguntan lo mismo. ¿Si un dios puede sanar y liberar, por qué no lo hace en cada instancia donde la gente le ora y le pide? A veces la gente se frustra porque su dios no responde en la forma deseada. A veces uno es sanado pero en otros casos no. Los que son inclinados a la filosofía a la mejor preguntan: ¿Para qué creer en un dios cuando este permite tanto sufrimiento, dolor y maldad en el mundo?

Cuando uno se va a lo abstracto, surgen preguntas bastante fuertes como estas. Pero mira a algunos de los ejemplos de las Escrituras. Jacob es uno quien "lucha con Dios" y sale dañado de la experiencia. José fue rechazado por su familia. Juan el Bautista fue matado. Jesús fue crucificado. Ejemplo tras ejemplo comunica que la vida del siervo de Jehová es uno que tiene sufrimiento y dolor. No hay que negarlo. A fin de cuentas no se puede negarlo sin consecuencias fuertes para la fe del individuo y la comunidad.

Preguntas en el abstracto es una postura distinta; la vida de fe es otra. No es que todas las preguntas relacionadas a este tema no son importantes. Pero es necesario contextualizar estas preguntas. Una manera de hacer esto es reconocer que no son nuevas. Los humanos siempre han preguntado el "¿por qué?" cuando enfrentan situaciones difíciles. La falta de certeza y seguridad, enfermedades, y la muerte representan temas que invitan a preguntarse el "¿por qué?" para todos los seres humanos. Pero dentro de la experiencia del ser humano, existe para algunos la experiencia de fe. Entonces cuando una persona del mundo secular pregunta el "¿por qué?" lo hace de una forma distinta de como lo hace un creyente en Cristo. ¿Por qué? Porque el creyente cristiano cree que Jehová es fiel, bueno, y justo y está dentro de una relación con Jehová y es por eso que el creyente hace la pregunta. Para el no creyente, estas preguntas son especulativas y abstractas, pero para el creyente estas son parte del peregrinaje espiritual.

No tengo mucho que decir al no creyente en este libro porque este libro se trata de la fe, pero en dirigirme a creyentes en Cristo, quiero que sepan que dentro de la fe existe la duda. Tener fe implica, en un sentido, vivir con dudas. Fe es creer en algo, es una "convicción de lo que no se ve" (Hebreos 11:2). Esta definición indica que la fe existe dentro de una tensión de ser convencido de algo que al mismo tiempo no se ve. A veces dentro de esta tensión uno siente más la convicción; en otros casos se siente más el "no ver." Todo esto es parte de la fe cristiana. Hay que contextualizar la duda dentro de la fe.

Pero a la mejor el lector está preguntando: "¿Cómo es posible tener duda en la fe? ¿No es el caso que dudar es ser impío?" Tengo dos respuestas a esto. Una es que hay varios ejemplos en las Escrituras que indican que dudar es parte de tener fe. Un ejemplo son los discípulos de Jesús. En varios momentos los discípulos (incluyendo varios que inc luyen Pedro) dudan, no entendían, o no podían creer. ¿Dejaron de ser discípulos cuando esto pasó? No, al contrario: sus ejemplos demuestran que esto es parte del discipulado. Otro ejemplo es el Salmista. En varios salmos el Salmista menciona dudas y lamentos en tiempos de grandes tribulaciones y sufrimientos. ¿Deja de ser un creyente el Salmista en estos momentos? No, al contrario: el Salmista continúa hablando, alabando, confesando, y lamentando delante de su Señor. Los discípulos de Jesús continúan en su discipulado aun cuando tienen dudas; el Salmista continua. alabando a Jehová aun cuando se siente perseguido, aislado, y débil.

Otra respuesta que tengo a gente que se siente incómoda con la declaración de la coexistencia de fe y duda es que la vida cristiana es una realización y un proceso que toma toda la vida. La calidad de nuestra fe cambia con tiempo. Es cierto que a veces la duda lleva a uno a perder su fe. Me imagino que esto es un gran temor para algunos cuando piensan de la coexistencia de duda y fe. Pero para otros, la duda puede profundizar la fe, porque, a fin de cuentas, ¿cómo puede uno crecer en su fe? La fe puede crecer solamente cuando enfrenta dificultades. Entonces todo esto implica que la fe es de alguna manera dinámica: uno puede perderla, pero también uno puede hacerla crecer, y en ambos casos la duda juega un papel. Otra vez, no hay nada nuevo en esto; al contrario, es tan antiguo que la existencia humana.

La Teodicea Original

Hay otra consecuencia de preguntar el "¿por qué?" y esto se trata de cómo cada creyente caracteriza a su dios. Si uno dice que un dios puede hacer algo pero no lo hace, uno empieza tener preguntas sobre el carácter de su dios, y estos representan preguntas teológicas-morales. Para muchos hoy en día, "la pregunta sobre un dios" (su existencia y su carácter) y la pregunta del "¿por qué?" (la existencia de sufrimiento, dolor, y maldad) están íntimamente relacionadas. El sentimiento contemporáneo secular cuestiona no solamente el carácter de un dios sino hasta la existencia de un dios en base a la existencia del sufrimiento y mal y como consecuencia rechaza a un dios en su totalidad, porque el mal prevalece en el mundo. El ateísmo puede ser una consecuencia de preguntar el "¿por qué?" fuera de la postura de fe.

En un acontecimiento bastante interesante, creyentes y no-creyentes han tratado de entender la existencia y carácter de un dios en base del sufrimiento y maldad en el mundo, pero dicho entendimiento se basa en términos racionales y filosóficos. Este esfuerzo es interesante en que se presupone que la razón es un medio que creyentes y no-creyentes puedan utilizar al mismo tiempo para aclarar dificultades teológicas. Pero como dije anteriormente, la postura del no-creyente es bastante diferente al del creyente. Para uno, la postura es especulativa y hasta lo abstracto; para el otro, la postura se trata de una relación íntima entre Jehová y su servidor. Sin embargo, dentro de la historia europea, donde hubo épocas cuando no era claro quién era creyente y no-creyente, existió la opinión que la razón era el medio para aclarar dificultades políticas, culturales, y hasta teológicas. El esfuerzo de aplicar la razón al "¿por qué?" dentro de una teología especulativa se llama *teodicea*.

El propósito particular de una teodicea es entender la insensatez del sufrimiento y del mal en la luz de lo que tiene sentido, en este caso una construcción teística. Parte de la dificultad en esto es que estamos hablando de una construcción teística y no teológica. Teísmo tiene que ver con "un dios" pero no es claro quién es este dios. La teología cristiana habla de un dios pero un dios particular revelado por las Escrituras: Jehová, el Señor, la Trinidad. El dios de los filósofos, quien a veces es el dios de teodicea, no es necesariamente el mismo dios de la fe cristiana. Algunos piensan que sí, pero parte de la distinción es que el dios de los filósofos se habla con proposiciones y conceptos abstractos cuando el dios de la fe cristiana se trata dentro de las Escrituras y de la espiritualidad.

Etimológicamente, "teodicea" intenta reconciliar la existencia de un dios (*theos* en griego) con lo que es justo y bueno (en griego, *dike*, que significa "orden," "rectitud," y "justicia") a la luz del mal existente en el mundo. La teodicea entonces camina entre dos aparentemente proposiciones irreconciliables:

- Primera Proposición: dios es bueno y/o todopoderoso
- Segunda Proposición: Sufrimiento y mal existen en el mundo

Muchas posibilidades han surgido para reconciliar estas proposiciones y en muchas ocasiones las reconciliaciones logradas son más indicativas de los tiempos en que las resoluciones han surgido que el contenido de las mismas. Como un esfuerzo racional, la práctica de la teodicea demuestra las características de la razón operando en un contexto dado. En otras palabras, una teodicea, entendida como un esfuerzo intelectual, tiene su propia historia: alguien realiza este esfuerzo en algún contexto y esto importa en sus resultados particulares.

El pensador moderno que acuñó el término "teodicea" en 1710 es Gottfried Wilhelm Leibniz. El asume que un dios existe, que este dios es bueno y todopoderoso y que, en el gran esquema de las cosas, el bien triunfará sobre el mal. El enfoque de Leibniz sobre un dios y su relación al mundo era lógico, calculado, y hasta podría decirse matemático. Según Leibniz, un dios creo el mundo, y este mundo es el más perfecto y el más bien posible porque este dios lo creo; entonces, Leibniz dice, si existe el sufrimiento y el mal, entonces de una manera estas son buenas porque este dios los permiten existir. Este tipo de razonamiento parece en la superficie ridículo, pero dentro de un esquema filosófico y abstracto, muchos especialmente en el mundo europeo del siglo XVIII lo encontraron no solamente posible sino también intelectualmente ideal.

Como el lector puede tomar encuenta, Leibniz tiene unas convicciones de como este dios es y cómo su creación debe ser y luego los generaliza al mundo actual. Esta lógica es distintivamente "de arriba" (cómo un dios es) "hacia abajo" (cómo el mundo es) de una manera premoderna. Si existen el sufrimiento y el mal, entonces deben servir un propósito dado por este dios. A la mejor no sea claro cuál propósito este sea, pero la convicción es que sí hay un propósito, porque este dios es un dios de orden y el mundo fue creado como una máquina perfecta. La lógica aquí es que la "Primera Proposición" determina y narra la "Segunda Proposición" de la teodicea. También hay implícitamente varios factores y elementos que se aparecen como obvios a Leibniz, incluyendo que este dios solamente crea lo mejor, y lo mejor se define dentro de un esquema matemático, y que el mundo existe en la misma forma hoy que cuando fue originalmente creado.

Un Cambio Cultural

Con la llegada de la modernidad, empezando con el siglo XVIII y continuando hasta el siglo XX, cambiaron dramáticamente ciertas suposiciones acerca de lo que es posible, de lo esperado, y lo deseable de una teodicea. Este cambio se elabora en términos de un desastre natural muy conocido en nuestro contexto; me refiero a un estremecedor y traumático terremoto, uno que tomo lugar en Lisboa, la capital de Portugal, en el Día de todos los Santos (el primero de noviembre) de 1755. Este evento tuvo un impacto negativo en la conciencia colectiva de Europa, específicamente para la filosofía y la teología. Parte del impacto fue que muchos estaban asistiendo a la iglesia a la hora del terremoto. La mezcla de desastre y de la observancia religiosa ayudó al auge de las preguntas teológicas. ¿Estaba un dios detrás del terremoto? ¿Qué hace uno con la noción de providencia en casos como este? A pesar del optimismo circulante antes del terremoto, emergió un realismo escéptico, tal como lo tipificó Voltaire, el filósofo francés, en su *Un Poema sobre el Desastre de Lisboa* y su *Prefacio del Autor*. Para Voltaire parte del problema yacía en la naturaleza insultante de decir a los que sufren: "Lo que existe o lo que pasa es lo correcto y propio." Su ataque a esta forma de pensar demuestra una "sensibilidad pastoral" de no explicarlo todo, especialmente en tiempos de grande crisis y sufrimiento. Voltaire y otros filósofos, en parte debido al terremoto de Lisboa, reaccionaron contra el prevalente fatalismo optimista que algunos tomaron como consecuencia de la filosofía de Leibniz.

Fue así como comenzó a tomar lugar un cambio que se volvió un reverso de las formas pre-modernas y sus sensibilidades: En lugar de presuponer la Primera Proposición (la existencia de un dios bueno y/o todopoderoso), de modo que la Segunda Proposición (el dolor, sufrimiento, y la maldad del mundo) fuera de alguna manera problematizada o limitada, los modernos y hacia posmodernos han presupuesto la Segunda Proposición como la premisa radical que cuestiona la Primera

Proposición. En el mundo moderno, cada vez más desmitologizado, todos pueden estar de acuerdo que el mal y el sufrimiento existen. Es más difícil aclarar cómo es el dios creador, y hasta si este dios existe. De esta forma, la cultura occidental comienza a cuestionar el carácter específico de este dios de la teodicea, un dios que el mundo europeo piensa que es lo mismo que el dios bíblico. Irónicamente, la teodicea, en su nueva forma en la modernidad, se volvió a una justificación racional del ateísmo.

Presentando a Iván Karamazov

En la literatura teológica, la adumbración más citada de esta sensibilidad moderna y posmoderna es un intercambio entre Aliosha e Ivan Karamazov, personajes literarios en la obra de Fiodor Dostoyevski, *Los Hermanos Karamazov*. El encuentro en cuestión entre Aliosha e Iván toma lugar en una taberna inmediatamente después que Iván habla de su complicada vida romántica. Iván entonces pregunta qué tipo de conversación pueden tener dos muchachos rusos en una taberna. Así es como empiezan a hablar de "las preguntas universales," sobre todo la pregunta de la existencia de un dios (que no es asunto insignificante para Aliosha, porque es monje). Iván comienza por afirmar que el acepta a "Dios," pero lo acepta aunque no lo entienda. Iván no puede renunciar a la idea de un dios porque él tiene una convicción que todo saldrá bien al fin y que la vida tiene un propósito. Pero con todo esto, Iván no puede aceptar las cosas tal como son. Él no puede aceptar el mundo que este dios creó. Aliosha le pide que explique, e Iván comienza admitiendo que no puede entender cómo es posible amar al prójimo. ¿Por qué comienza de esta manera? Porque, como se sabe más adelante en el libro, el mundo que Iván no puede aceptar es uno en el que los humanos interactúan de forma caprichosa y cruel.

Pero Iván complica las cosas al poner de relieve la atrocidad moral del sufrimiento de los niños. En este caso, uno habla de seres humanos inocentes que, a pesar de no ser culpables de nada, sufren innecesaria y horriblemente. Él pone ejemplos en los que los niños sufren actos de crueldad humana más ofensivos moralmente que la crueldad de los animales. Iván menciona a los turcos, quienes tenían la reputación de cortar los fetos de los vientres de las madres y quienes jugaban con los niños, haciéndolos hasta reír, antes de dispararles en la cabeza. Como una condenación de humanidad en general, Iván también menciona que los europeos, incluyendo los rusos (quienes Aliosha e Iván son), no son mejores que aquellos turcos. La tortura de niños es una tragedia moral que cuestiona lo bien y lo moral en nuestro mundo.

Iván está en una situación difícil. Al principio de la conversación se inclina a creer en la armonía universal (algo que se puede decir es ubicada en la Primera Proposición), pero ahora insiste que no la quiere si el sufrimiento y la armonía van juntas y si aquel (sufrimiento) se requiere para esta (armonía). El costo, argumenta Iván, es simplemente muy alto. En una de las más famosas citas del libro, Iván dice, "No quiero armonía, por amor a la humanidad, no la quiero. Quiero seguir con sufrimiento no correspondido. Mejor sigo con mi sufrimiento no correspondido y mi indignación insatisfecha, aún si estoy equivocado. Además, ellos han puesto el precio de la armonía muy alto; no se puede pagar tanto por admisión, por eso rápidamente devolveré mi boleto." En resumen, el sufrimiento es irredimible si juega un papel en la constitución de la armonía universal.

¿Qué se puede pensar de los comentarios de Iván? En primer lugar, la jornada de Iván es algo que ha experimentado la cultura europea y las culturas influidas por esta. Con la secularización de esta cultura, la creencia en un dios no es tan aceptable como la creencia en el dolor, sufrimiento, y maldad. Un dios no se verifica empíricamente como las otras cosas. La Segunda Proposición es obvio en este contexto; la Primera Proposición menos y menos. Pero parte de esta situación es una consideración más amplia, y es esto: El dios de los filósofos, el dios del teísmo y el dios de la teodicea, es principalmente un creador todopoderoso quien es responsable por el bien. Los cristianos confiesan esto, pero esto no es lo único que dicen sobre su dios. Para los filósofos, este dios da la respuesta de donde viene todo y como se parece el mundo tan ordenado y bello; pero, este dios no es uno quien se auto-revela en las particularidades de la historia. Este dios no es el dios quien hizo el pacto con Abraham, Isaac, y Jacob, quien habla por medio de los profetas, y quien se manifiesta sumamente en la vida de Jesucristo. Otra vez, los filósofos piensan en su dios como una propuesta lógica basada en la razón; para cristianos, su dios, Jehová, depende sobre un encuentro con una voz quien dice, "Sígueme."

Otra manera de pensar sobre los comentarios de Iván es admitir que cosas como el sufrimiento de los niños no tiene razón. La ira de Iván es, hasta un punto, justificada. Este mundo está lleno de dolor, maldad, y sufrimiento, y no hay que tratar de explicar o resolver estos casos con palabras superficiales. A veces cristianos, en su deseo para ayudar a la gente en su dolor espiritual o intelectual, tratan de razonar dentro de estos casos. A la mejor dicen, "Solo Dios sabe" o "Dios siempre tiene un propósito." Iván, tanto como Voltaire, está reaccionando a esta "teología de respuestas" que a fin de cuentas puede ser una "teología de conveniencia" porque resiste la tensión y dolor de la vida por medio de sus explicaciones. Según Iván, este deseo de establecer "armonía" para el presente y el futuro no vale la pena porque no toma suficientemente enserio lo difícil que es la tortura de los niños.

Pero dije anteriormente que la ira de Iván es justificada pero solo hasta un punto. Este punto se manifiesta cuando Iván empieza a dirigir su ira. Iván empieza sus comentarios en base de cómo es un dios y cómo es difícil amar al prójimo quien este dios creo, pero luego se enoja con este dios por las cosas que pasan en el mundo. Lo equivocado de esto es que toda la maldad, sufrimiento, y dolor del mundo es, según Iván, la culpa de este dios. Pero en el ejemplo que el menciona, la tortura de niños, son los turcos quienes son inmediatamente responsables. Lo raro en este caso es que Iván no se enoja con los turcos y con sus paisanos rusos que cometen cosas semejantes, sino con el dios quien creo a todos. En esto se parece que la ira de Iván está mal dirigida. En estos casos, es la humanidad quien es directamente responsable, no este dios.

Pero de todos modos, es muy fácil darle la culpa a un dios abstracto por todo lo malo que existe. Esto es porque nos hemos enfocado sobre Iván tanto en esta sección. Él representa un sentido o una postura muy popular a la de hoy: la tendencia de culpar a un dios de todo lo malo que existe, porque tal entidad se dice que creo todo. Si el mundo es una gran máquina, y este dios creó la máquina, entonces el responsable por una máquina mal hecha o mal funcionaria es el quien la creó. Pero aquí tenemos una falacia. El mundo no es una maquina sino una colectiva de seres vivientes que tienen la capacidad para auto-determinarse. En términos cristianos, es cierto que Jehová crea la capacidad o la potencia para la maldad, pero los seres humanos realizan esta capacidad por sus propias decisiones. Si Jehová es la causa indirecta de la maldad, las creaturas son la causa directa. ¿Por qué no reconoce Iván estos detalles? Me imagino que unas de las razones simplemente es que es mucho más fácil culpar a otro (en este caso, un dios todopoderoso y/o bueno) en lugar de uno mismo (es decir, un ser humano).

La Bancarrota de la Teodicea

En muchos aspectos, las Proposiciones Uno y Dos no son viables de la manera que se ha tratado en proyectos de teodicea. La tendencia popular es enfatizar una de las Proposiciones para menospreciar el otro. Este tipo de énfasis complica el asunto más que aclararlo. Empezamos con cada uno de las Proposiciones y luego hablaremos de las dificultades en sus conexiones.

Por un lado, la afirmación de un dios bondadoso y/o todopoderoso es, como dijimos anteriormente, una afirmación que los cristianos necesitan mantener. Pero sería sabio detenerse y preguntar, ¿Cómo se definen estos atributos? Y ¿por qué fijarse en estos?

Decir que un dios es bondadoso y justificado que cuando la gente trata de identificar de donde viene lo bueno, es posible decir que es algo más grande que el mundo empírico. Pero definiendo lo bueno es algo mucho más complicado. En proyectos de teodicea, la tendencia ha sido de definir lo bueno como algo consistente a los valores del mundo europeo y moderno. Un modelo ejemplar sería una máquina. Tomemos en cuenta cómo una máquina es "buena": es eficiente, es rápida, es efectiva en producción, no hace errores, y mucho más. Cuando el mundo europeo y también norteamericano piensa en lo "bueno," estas son algunas de las características prominentes. Entonces el dios de la teodicea muchas veces es dado a estas características en abstracto porque ya son importantes en la opinión de esta cultura. ¿Es el Dios Trino de las Escrituras "bueno" en este sentido? En muchos aspectos, no, no lo es. Jehová se revelo por medio de un pueblo (Israel) y de una persona (Jesucristo) dentro de un periodo de siglos. Este dios permite la desobediencia y da promesas a Abraham cuales se van a cumplir mucho más en el futuro. Parte de lo difícil aquí es que este dios permite el mal y el sufrimiento a existir. Para muchos, este detalle es suficiente para decir que este dios no es bondadoso. Trataremos de este detalle más tarde, pero el enfoque aquí es que hay más que una manera en cómo definir "lo bueno," y en el caso del dios de teodicea y el dios revelado a los cristianos, hay fuertes conflictos.

También hay que tomar en cuenta cómo definir "todopoderoso." Este atributo es sumamente abstracto porque no dice nada concreto. Es un atributo que indica poder absoluto, pero no aclara la manera en como este poder es empleado. Uno puede decir que un dios es todopoderoso y al mismo tiempo decir nada formal de este dios porque no hay indicación de cómo, cuándo, y por cual propósito este dios manifiesta su poder. Este es un atributo de capacidad, no de carácter. ¿Es Jehová todopoderoso en las Escrituras? Sí, pero hay mucho más que decir en este caso. A veces hay casos en la Biblia donde se habla de Jehová como grande, más poderoso que cualquier otro dios, y mucho más, pero este mismo dios se limita en varias circunstancias. Por ejemplo, este dios promete a Noé que no destruirá el mundo por una tormenta otra vez. En este caso,

Jehová puede ser algo, pero promete no hacerlo. Otro caso es Jesucristo. Es posible pensar que Jehová tuvo varias alternativas de cómo salvar al mundo, pero este dios tomo la forma de un siervo. Aquí este dios se auto-limita para un propósito más grande. Según la tradición cristiana, no se puede entender al atributo "todopoderoso" fuera de la historia de Jehová con Israel y por medio de Jesucristo. Es por esta razón que hay que pensar en otros atributos tan o hasta más importante que "todopoderoso," incluyendo "misericordioso," "fiel," "justo," "amoroso," y mucho más.

Igual de problemática es la forma en que se trata la Segunda Proposición. Iván y otros concluyen que el sufrimiento y el dolor son ultimadamente irredimibles. ¿Es este postulado obvio? Es cierto que estas cosas son difíciles, y esto es parte de la importancia que se registra con un enfoque sobre la Segunda Proposición—no hay que negar que estas cosas existen. Al contrario, negar la verdad de la realidad crea condiciones para mentiras y falsedades. Pero, a fin de cuentas, si no hay algo más que esperar que las realidades de dolor, sufrimiento, y la muerte, sonaría como una postura fatalista. Hoy en día queremos una explicación, pero el no tener una no significa que no podemos tener esperanza. La esperanza no se trata de tener todas nuestras preguntas aclaradas. La esperanza está basada en la vida que experimentamos. La vida y su belleza representan otro lado de nuestras condiciones actuales. Cuando vemos amor genuino, cuando hacemos lo bueno aun cuando es difícil, cuando vemos el sacrificio en acción para ayudar a otros, cuando vemos la inocencia, estos momentos representan algo más en nuestra realidad que la maldad, el sufrimiento, y la muerte. Es cierto que nuestras vidas son marcadas por estas cosas, pero hay otras cosas que nos marcan también.

Parte de la dificultad de las Dos Proposiciones es que existe una división fuerte entre ellos. No hay manera de reconciliarlos porque en su presentación ya existe la necesidad para su división. Y cuando uno agrega el proceso de abstracción en estas, lo que resulta es un ejercicio intelectual que se parece como algo foráneo a la tradición cristiana. Muchos piensan que la teodicea es algo que los cristianos pueden y deben hacer, pero como hemos dicho frecuentemente a este punto: el dios de la teodicea es diferente del dios de las Escrituras. El primer dios es el resultado principalmente del pensamiento de los siglos 17 y 18 dentro de la cultura europea; el segundo dios es el dios que se auto-revela en las Escrituras y hoy en día en base de su acción e iniciativa dentro de la historia y entonces dentro de las condiciones humanas.

Avanzando

Si los cristianos no deben aceptar las presuposiciones de la teodicea, entonces: ¿cómo deben hablar del sufrimiento, la maldad, y la muerte con gente quien tiene preguntas válidas y urgentes? Mi primera tendencia es decir que el acto de hablar no es tan importante como el acto de demostrar. Para mí y otros teólogos, tenemos la tendencia de pensar que si las preguntas surgen de dolor, una respuesta con aclaraciones, definiciones, y lógica no es suficiente. No intento decir que estas cosas no son importantes, pero todo tiene su tiempo. Si hay alguien quien está llorando, uno no le da un libro. Al contrario, uno le da apoyo. En gran parte estas preguntas requieren respuestas pastorales más que intelectuales. Y cuando digo "pastoral," estoy hablando de una postura informada por el ejemplo de Jesús y del Espíritu Santo, ambos siendo nuestros Consoladores como el "Dios con nosotros" (Emmanuel).

Pero si la oportunidad se presenta para decir algo de una forma más pensada y elaborada, entonces sí hay maneras cristianas de como pensar de estos asuntos. Y una manera de hablar de estas cosas es precisamente en la interrelación del Dios Trino y la realidad, o en otra manera de decirlo, la doctrina de la creación.

Capítulo

2

Lo Bueno del Creador y de la Creación

La doctrina de la creación es donde los cristianos pueden hablar de la relación entre Jehová y todo lo demás que existe porque ellos confiesan que este dios es el principio y el fin, el alpha y el omega. Entonces si uno quiere hablar de la creación y todo de lo que se trata (incluyendo el sufrimiento, la maldad, y la muerte), hay que empezar con la confesión de la Trinidad. Para los cristianos, el bien máximo, el *summum bonum*, es el dios cuya existencia se presenta en Israel y por medio de Jesucristo. Como confesión de este dios en particular, esta acción es doxológica, es decir, se trata de adoración, gratitud, y alabanza. Este aspecto es uno que marca esta propuesta diferente de la Primera Proposición: No hay compromiso, fidelidad, y adoración al dios de teodicea y el dios de deísmo, pero para los cristianos estas representan las posturas más básicas que los humanos deben tener a su dios, Jehová. ¿Por qué? Porque este dios representa el principio y fin de todas las creaturas, incluyendo los seres humanos, y este dios revela que los humanos fueron creados para ser adoradores. Toma en cuenta que en ambos casos estamos diciendo algo muy particular de las acciones de este dios y de las acciones y propósito de los seres humanos. Siempre hay que empezar con estas consideraciones básicas.

Tomando en Cuenta Los Límites

A veces los cristianos no toman en cuenta estas consideraciones básicas y en su lugar hablan de otras cosas. Existen muchas teorías que tratan de explicar las dificultades teológicas en relacionar a Jehová con el mundo o cosmos. El enfoque sobre la predestinación y el lapsarianismo es un caso que viene a mente. Pero las características de estas teorías son obviamente especulativas y sin mucha verificación dentro de los recursos cristianos. Sí se puede encontrar un versículo bíblico aquí y por allá para apoyar estas teorías, pero esto no es suficiente.

Mucho más difícil es cuando nosotros los seres humanos hablamos de "la creación." Cuando hacemos esto a veces no nos damos cuenta que estamos hablando en parte de nosotros mismos. Implicamos a nosotros mismos cuando decimos algo general sobre la creación. Y esto posiblemente crea una condición de negación o de ser ciego. La especulación cual los seres humanos son capaces de promover es un problema serio con estos temas. Cuando los seres humanos se atreven hablar de un dios y de la condición del cosmos, están dando a ellos mismos un punto de vista imposible de sostener porque no son Jehová y no pueden hablar de ellos mismos con una postura objetiva. Es decir, este ejercicio teológico está lleno de límites porque los seres humanos mismos tienen varios límites que a veces no toman en cuenta. Estos incluyen limites epistemológicos, morales, e intelectuales.

El espíritu moderno europeo no se lleva bien con los límites. Al contrario, parte de esta época es negar o superar los límites humanos. Y dentro de esta postura es la tendencia de querer algo general en lugar de algo particular. Es por esa razón que el deísmo y la teodicea ganaron tanta popularidad en estos contextos desde el siglo XVII en adelante. Se supone que dentro de este mundo algo en general es más verdadero e importante que algo particular. Estos pensadores crearon un dios y una teología, ambos seculares y respetables. Un dios general, abstracto, y producto de la razón aparece ser más aceptable que un dios quien se frustra con un pueblo en particular (Israel); quien toma varias decisiones dentro de la historia, quien hace milagros solamente en unos casos, y mucho más. La devoción que uno da a este dios es simplemente aceptarlo como un principio lógico e intelectual. Posiblemente todo esto crea una distinción entre una religión natural y una religión reveladora, pero en esto la división ya es difícil porque lo natural se supone se puede ver fuera de una perspectiva tradicionalmente teológica. Lo natural es privilegiado aquí porque como dice un ejemplo de esta postura, "Lo que es verdad por la razón no puede ser falso por la revelación" (Matthew Tindal). En todo esto, hay una perspectiva que no toma en cuenta los límites de narración, los límites de términos como son definidos en un contexto, y los límites del entendimiento.

Los cristianos admiten que los seres humanos son limitados, pero parte de lo que les da confianza de lo que saben es algo de la verdad es la auto-revelación de Jehová per medio de la historia. En este sentido, el entendimiento es un don, algo dado de parte de este dios para el bienestar de este pueblo. Entonces esta auto-revelación es particular en varios aspectos. Los cristianos creen que Jehová hizo promesas a Abraham— promesas de bendición, abundancia, y de fidelidad. Jehová hizo un pacto con Abraham y su progenie, y Jehová es fiel a estas promesas. Continuando, estas promesas, según la interpretación del Nuevo Testamento, se extienden a toda la creación. Como parte de esta extensión, Jehová se auto-revelo por medio de Jesucristo, y aquí tenemos otro caso de particularidad. Lo que aparece escandaloso a la mente europea moderna es básico a la fe cristiana: Jehová se revela por medio de un ser humano, quien es la encarnación viviente del dios de las Escrituras: "Dios con nosotros" (Emmanuel).

Dos Dioses Distintos:

Para repetir y aclarar: El dios del deísmo no es el dios del cristianismo; el dios de la teodicea filosófica no es Jehová quien se ha revelado por medio de Jesucristo. La palabra "dios" es genérica. Si uno lo usa para algo, otra persona la puede usar para otra idea o filosofía. Esta es la razón porque he tratado de ser específico y particular con el dios quien los cristianos adoran por medio de identificación: he dicho Jehová y la Trinidad para este caso.

El dios deísta no tiene historia, no hace promesas, no se comunica más allá de la creación, y no hace avanzar la historia. El dios de la teodicea no tiene personalidad ni carácter. De hecho, se puede decir que el dios deísta es más cruel que el dios cristiano porque aquel se mantiene alejado de la refriega que ha creado sin enfrentarse a sus males. Las diferencias, por lo tanto, son impresionantes. El dios cristiano y el dios deísta son dos dioses distintos. Decir que estas dos formulaciones se refieren a la misma entidad es recaer en formas de pensar modernistas, las que favorecen generalidad sobre particularidad. Esto también crea muchas ambigüedades, confusiones, y conflaciones. Cuando utilizamos la palabra "dios," debemos ser muy claros a que/quien nos referimos.

El Riesgo del Dualismo

Otra tendencia general ocurre cuando uno empieza a hablar de un dios y de los orígenes del cosmos, y tratar de dar algo de dignidad conceptual a lo malo. Es decir, la tendencia a veces es decir que lo bueno y lo malo siempre han existido. El término para esto es el "dualismo." Ahora esta palabra simplemente significa "dos de algo," pero en discusiones sobre los orígenes del mundo, muchas veces se trata de esta propuesta sobre el bien y el mal—que son cosas que siempre han sido. Los cristianos nunca se han adherido a un dualismo profundo, aunque han sido presionados a hacerlo por los contextos en cuales se han encontrado. A raíz de muchas herejías, Irineo, el venerado apologista del siglo segundo, enfatizo el punto que Jehová era la fuente de todo lo que existe. Esa afirmación trataba de concordar con la historia de la creación en Génesis y llevó a la elaboración del principio de reflexión cristiana, el de *creatio ex nihilo* ("la creación de la nada"). Esta orientación ayudo a asegurar la preeminencia y el status primordial que la Trinidad tiene en relación a todo lo demás.

Pero esta afirmación tuvo el efecto concomitante de presionar la urgencia de las preocupaciones de una teodicea, especialmente en la línea de cuestionamiento que pregunta: "Si Jehová creo todas las cosas, ¿de dónde sale el mal?" Trataremos de esto en el capítulo siguiente; pero una propuesta simple aquí es que el mal no es "algo" en el sentido que Jehová lo creo; al contrario, el malo es una corrupción del bien hecho por parte de agentes con libre albedrio. Esta opción está presente en la teología de Agustín y muchos más dentro de la fe cristiana. Lo importante para enfatizar aquí es que Jehová no es la causa del mal. Otra vez, si Jehová es el *summum bonum*, el bien máximo, entonces no podemos confesar que Jehová creo el mal. Las implicaciones son fuertes aquí: Si la Trinidad creo el mal, entonces el mal tiene algo de dignidad por ser creación de este dios. También el carácter de Jehová es comprometido por esta declaración. Contra algunas propuestas dentro de la teodicea, incluyendo a Leibniz mismo, el bien y el mal no existen dentro de un espectro; el bien no es un mal pobre y el mal un pobre bien.

Propuestas Dogmáticas

Como hemos dicho, el deísmo y el dualismo en su formulación estricta, no son viables para los cristianos. Y sin embargo, se necesitan recursos para que los cristianos puedan avanzar en medio de las preguntas que una teodicea propone.

Ciertas observaciones son necesarias para poner este ejercicio en su debido curso. Los cristianos creen que la relación de Jehová con el mundo es una de Creador a creación. Si tomamos Génesis 1 como guía, la realidad primordial no es el cosmos sino Jehová cuya existencia se afirma en lugar de ser explicada o justificada ("En el principio, Dios . . .").

La creencia en Jehová el Creador lleva a los cristianos a rechazar la afirmación quc la creación compite con Jehová o que si diputan el mismo espacio. Si Jehová es la realidad primordial, entonces, todo lo que existe depende de Jehová. La relación entre Creador y creación establece este arreglo dentro de un orden específico: Jehová primero, luego todo lo demás. La creación existe por pura gracia de Jehová. El cosmos existe solamente porque la Trinidad lo creo y permite su existencia.

Por eso, la descripción de Creador y creación opera bajo una diferencia y distinción real. Y, sin embargo, esta diferencia es enfáticamente relacional: la afirmación comienza con la confesión de la Trinidad e incluye varias proposiciones.

- Primera Proposición: *Jehová no creo para comenzar a ser relacional; al contrario, Jehová creo a partir de su propia existencia, la cual es inherentemente relacional*

Lo que la Trinidad hizo al crear el cosmos no era innatural o inusual, porque dentro de su existencia la Trinidad es Padre, Hijo, y Espíritu Santo. Ser relacional no es algo que Jehová decidió ser sino lo que Jehová siempre ha sido. Estas afirmaciones son importantes porque ellas describen el vínculo entre el Creador y la creación de una manera específica: este vínculo no es extraño ni frágil, sino que es consistente con la naturaleza de Jehová y, por lo tanto, perdurable y confiable en muchos aspectos importantes. Jehová no decidió hacer algo diferente por capricho. Lo que Jehová hizo al crear fue consistente con lo que la Trinidad siempre ha sido. Estas observaciones sugieren que la creación ya lleve la estampa de Jehová, en el sentido que ya resuena con la calidad relacional de la existencia divina.

- Segunda Proposición: *Jehová no tenía que crear, pero creo libremente*

Jehová no creo por necesidad o deficiencia. La categoría de necesidad es problemática cuando se hable de la Trinidad, porque el término sugiere que Jehová capitula o sucumbe a algo, como un principio o hasta Jehová mismo. Ese tipo de lenguaje contradice una característica sostenida por mucho tiempo; los teólogos lo han postulado como la simplicidad divina, que Jehová no puede ser dividido ni compartimentado. Una forma de decirlo es que al confesar que Jehová es "simple," uno afirma que Jehová es lo que Jehová hace.

Además, la motivación de Jehová al crear no fue ni la soledad ni el aburrimiento. La Trinidad no necesitaba algo o alguien para amar. Todas estas posibilidades se rechazan porque Jehová en su existencia como Trinidad es primordialmente un ser definido como un acto relacional. Crear para Jehová no fue una compulsión ni una necesidad, sino un acto de libertad y deseo. Jehová no se sintió obligado a crear y no tenía que crear. Jehová es y siempre será relacional; el acto de "dar y recibir" que están en perfecta armonía entre las personas trinitarias caracterizaran siempre la libre existencia de Jehová. La Trinidad es inherentemente relacional y, de esta forma, inherentemente activo y dinámico. La existencia de Jehová es activa y libre. Las acciones de Jehová no se realizan por necesidad de actuar en conformidad con un principio o autoridad por encima de Jehová, sino por su misma determinación.

- Tercera Proposición: *La creación es un producto del relacionar de la plenitud de Jehová*

Si Jehová no tenía que crear, pero deseo libremente crear algo que no era Jehová, entonces, en un sentido muy importante, la creación es una señal que Jehová deseaba extenderse a sí mismo. La creación existe porque Jehová es pleno, completo, y "extático"—este último calificativo sugiere que Jehová "rebasa" intencionalmente por su plenitud y abundancia. En este punto, varios doctores de la iglesia primitiva emplearon un movimiento lógico sacado de Aristóteles, uno que gira alrededor de la dinámica de actualidad y potencialidad. Bajo esta orientación conceptual, algo es más real o autentico si es más realizado que posible. Cuando se aplica teológicamente, esta formulación produce la idea de la Trinidad como *actus purus*, "acto puro," sin realización potencial ni crecimiento. No existen deficiencias en Jehová, y la existencia de Jehová se define por cierta "direccionalidad hacia al otro," que en su dinamismo y movimiento busca compartirse a sí mismo.

- Cuarta Proposición: *Esta plenitud divina de relacionarse es lo que los cristianos llaman "amor"*

Cuando los cristianos describen a Jehová por lo general empiezan con el término "amor." "Jehová es amor." Sin embargo, esta declaración no dice mucho. Muchas veces, lo que se sugiere depende de lo que se entiende por "amor," pero los términos "Jehová" y "es" son tan importantes (sino más importantes) para el significado de esta frase. Ya hemos analizado la precisión con la que se tiene que usar el término "dios." Cuando he hablado del dios cristiano, he tratado de evitar este término y emplear "Jehová" o "la Trinidad" para evitar confusiones. Con la palabra "es" tenemos una palabra que se trata de como algo o alguien anda en su existencia. En nuestro caso, decir que "Jehová es" implica que la existencia de Jehová es una que es independiente y distinguible de la creación y, a la misma vez, unida a ella. Para fines prácticos, uno puede decir que "Jehová es" aparte del cosmos o mundo. De hecho, el mundo es el producto de la plenitud del amor trino que ya es, que ya caracteriza la existencia trinitaria.

- Quinta Propuesta: *El "amor" trino es definido por varias características que nuestros idiomas denotan con un solo termino; hay que explorar todas las posibilidades*

Mucho se dice en sermones y clases que hay tres palabras en el griego del Nuevo Testamento para definir "el amor." Estas tres palabras son *philia* (amor filial), *agape* (amor sacrificial), y *eros* (amor deseante). Normalmente el ideal cristiano de amor, el que se dice se ha revelado en Jesús, es *agape*. Esta es una idea que se desprende de varias bases bíblicas por lo que se puede argumentar en su favor. Sin embargo, uno no debería disminuir la importancia de los otros dos términos. Cristo invita a sus discípulos a ser amigos con él, al no llamarlos ni siervos ni estudiantes, sino "amigos" (Juan 15:15). Pero quizá el elemento más importante y descuidado del amor trino es *eros*. La Trinidad quería el cosmos; lo deseó, y este deseo, con su expresión precisamente en la existencia del cosmos, sugiere que todo aquello que no es Jehová es una expresión del apasionado amor de Jehová. Todas las definiciones del amor mencionados en el griego constituyen el amor divino, tal y como es exhibido en la gracia y esplendor del cosmos.

Esta forma de describir el amor de Jehová, uno que es generado dentro de la existencia divina por un perfecto, apasionado y bello "dar y recibir," se distingue del amor humano en varios niveles. Con frecuencia, hablamos del amor como algo que nos controla y sobre lo que no tenemos control alguno. Se presupone cierta impotencia y azar, algo que no es premeditado sino espontaneo ("fue amor a primera vista") y que tal vez es fugaz ("ya no estamos enamorados"). Los riesgos de hablar del amor de Jehová de esta forma son significantes. Ciertamente, nos gustaría pensar que la espontaneidad y la emoción del amor divino son similares al amor humano, tal como lo describe la cultura en general, porque es algo que conocemos. Pero, ¿no se esperaría con ello la volubilidad y las inconsistencias que frecuentemente se experimentan con el amor humano? ¿Podría decidir Jehová en un determinado momento que, sin tomar en cuenta sus promesas, la relación ya no vale la pena? Como pasa con toda forma de hablar de Jehová, sucede lo mismo aquí con el amor divino: el discurso analógico (y el intervalo analógico que hace el hablar análogo posible) debe identificarse por lo que es. En el caso del amor trino, Jehová ama al cosmos porque este dios ama libremente y de una manera auto-generativa. Aquí no hay accidentes, casualidades, o sorpresas.

Quizás uno de los puntos más difíciles para mantener la naturaleza análoga de hablar de Jehová es la forma que el amor se relaciona al sufrimiento. Muchos teólogos esquivan o recalibran una explicación demasiada amplia del concepto de "todopoderoso" y proponen que Jehová sufre. La lógica para decir esto es que la experiencia del amor y el sufrimiento van juntas. Después de todo, cuando uno ama a otros, uno se abre y se vuelve vulnerable de una manera que incluye intercambio, crecimiento, y desarrollo. Si Jehová ama, dicen muchos, Jehová también sufre porque ambas acciones están inextricablemente atadas: las condiciones para una son las condiciones para la otra.

Todos estos puntos tienen sentido para las relaciones entre humanos, pero no necesariamente se aplican en total a la relación entre Jehová y el cosmos. Mucho de eso depende de los términos que su usan (como hemos dicho con otros, ahora incluyendo "sufrimiento") y de cómo la relación de Jehová y el cosmos es similar y diferente de las relaciones entre humanos. Por lo que se ha dicho hasta ahora en este trabajo, uno puede ver que tan difícil es todo esto. Es una tensión que incluye aclaración, definición, y cuidado. Las analogías se fortalecen por su correspondencia y su diferencia. El peligro está cuando un lado o un aspecto de la analogía sobre-determina.

Este peligro existe no solamente cuando uno habla del amor divino y el humano, también existe cuando hablamos del sufrimiento divino y humano: Tiene que haber un intervalo analógico entra las aserciones "Jehová sufre" y "los humanos sufren." Para tomar la razón más obvia para afirmar este punto, uno solo necesita ver el fenómeno del sufrimiento humano. Frecuentemente, los humanos "sufren" aquello que no pueden controlar y están a la merced de muchos factores que son más poderosos que ellos. ¿Se puede decir lo mismo de la Trinidad? Si los individuos hacen que el intervalo analógico se desplome en este punto en particular, uno tiene que preguntarse si se ha emprendido una descripción antropomórfica (una en la que Jehová es descrito en términos humanos sin preocuparse de las diferencias que pueden estar en juego; en otras palabras, una en que se asume que la correspondencia es univoca—Jehová es como los humanos). Si se niega el antropomorfismo, entonces, uno tiene que preguntarse cuándo toma lugar y cómo uno puede identificarlo.

El punto de esta larga incursión en la consideración del amor divino particularmente y el dogma cristiano de Jehová en general es que la creación es un producto y reflejo del amor auto-generativo de la Trinidad. Dicha afirmación descansa sobre una serie de compromisos acerca del dios que los cristianos adoran. Son afirmaciones particulares que emergen de una descripción de Jehová en convenio con su pueblo. Pero ese asunto no puede terminar con la Trinidad. Si el cosmos y todo lo que en el existe (incluyendo los humanos) son producciones del amor de la Trinidad, esta forma de enmarcarlo califica a la creación en cada aspecto especifico. En el lenguaje de Génesis 1, lo que Jehová vio en el cosmos era bueno, muy bueno.

Lo Bueno de la Creación

La creación es buena porque su fuente es buena. En cierto sentido, todo lo que existe, en tanto que es, es bueno. Ser es ser bueno porque ser es un tipo de bien. Todas las cosas que existen descansan en la obra y gracia de Jehová, el *summum bonum*. Uno puede ver este punto cuando las Escrituras hablan del mundo natural proclamando a Jehová. Su belleza y grandeza apuntan hacia algo o alguien más. Muchos han tratado de crear un vínculo racional con esta aserción para probar la existencia de un dios, pero la afirmación original es más estética y moral que racional. Cuando la naturaleza proclama las maravillas de Jehová, el que atestigua esta proclamación puede solamente apreciar este evento fenomenológicamente dentro de la fe. No existe la necesidad o la justificación para explicar o deliberar sobre ello. Uno aprecia una obra de arte; uno también puede apreciar la obra cosmológica del Artista primordial cuando uno lo adora.

Los seres humanos son parte del orden de la creación. Cuando Jehová evalúa la creación como bueno y muy buena, también incluye a la humanidad en la mezcla. Un momento clave en la narrativa de Génesis 1, en el que el vínculo de la humanidad con Jehová es conceptualmente asegurado, es cuando usa el lenguaje de ser creado a "la imagen de Dios" (Génesis 1:27) o, lo que los teólogos expresan con su equivalente en latín, *imago Dei*. En dos instancias se habla de la humanidad como creación a la imagen de Dios y, en uno de esos ejemplos, se emplea el lenguaje de "semejanza" (Génesis 1:26). La historia de la teología está llena de intentos por definir el significado de "imagen" y de si se debe diferenciar del otro término, el de "semejanza." El contexto de Génesis no ofrece mucho para descifrar el significado de estos términos. Quizá la opción más viable dentro del texto mismo seria el del papel que la humanidad juega "en tener dominio" sobre la creación (Génesis 1:26); de esa manera, la humanidad estaría haciendo una labor definitiva que micro-cosmológicamente es lo que Jehová hace en gran escala, a saber, sosteniendo y preservando el mundo natural. Pero, de nuevo, esta interpretación es simplemente una conjetura, porque el vínculo no es implícito. Por lo tanto, los términos "imagen" y "semejanza" demandan contenido teológico y los intérpretes han sido muy indulgentes en llenar los huecos.

Lo que uno puede entender del testimonio bíblico es que definitivamente la marca de Jehová está sobre la humanidad. Ninguna otra parte de la creación es agraciada con esa terminología, una distinción que distingue a la humanidad de una forma vital. Además, si se dice que Jehová es inherentemente relacional en una interacción de un perfecto "dar y recibir," entonces, lógicamente, lo que prosigue en

Génesis 2 tiene mucho sentido. Mientras Génesis 1 enfatiza la unidad de la humanidad en su valor y dignidad (ambos, hombre y mujer, son hechos a la imagen de Dios), Génesis 2 introduce la diferenciación de los sexos. Uno puede encontrar en Jehová y la humanidad ambas, unidad y diferenciación, en su naturaleza relacional.

Cualquier cosa que la idea de *imago Dei* signifique, la frase sugiere que la vida humana es de valor; es buena porque Jehová así lo ha dicho. Con la marca divina suficientemente expresada en términos de seres humanos, uno tiene que tratar con la dignidad y valor que es propia de los portadores de la imagen de Jehová en esta tierra. Los seres humanos no son reemplazables. Son sagrados en el sentido que han sido "apartados" por la Trinidad porque reflejan a la Trinidad de forma distintiva. Los cristianos, por lo tanto, no protegen la dignidad en términos de derechos universales o individuales. La forma en que se expresan no es tanto de derechos sino de receptividad y dadivosidad. La afirmación de la dignidad y bondad de la creación no necesita revertir hacia una explicación de derechos; en su lugar, la afirmación de la bondad, en el sentido cristiano, puede (y debe) salir de la distinción entre el Creador y creación.

Además, la vida humana es inherentemente relacional. Los humanos son creados en una relación, tanto en términos de la interfase del Creador y la creación, como el encuentro sexual entre el hombre y la mujer. Los seres humanos existen y se desarrollan por una relación con Jehová, uno a otro y dentro del individuo mismo. La noción hebrea antigua de *shalom* sugiere estar en paz y en la relación correcta con todo lo que existe. Porque los seres humanos crecen y prosperan en relación, algunos han vinculado *imago Dei* con lo relacional. Sin importar lo que hagamos es esta vinculación, sin duda los humanos requieren relaciones para existir y desarrollar su potencial. No era bueno que el primer humano estuviera solo; ese era el caso en Génesis 2, como lo es hoy en día.

El Bien y el Principio de Auto-Contradicción

La afirmación asociada con la bondad del cosmos y la impresión divina en la humanidad no parece obvia debido al estado actual de confusión del orden creado. Esta condición, sin embargo, no es la que Jehová originalmente tuvo en mente. La evaluación de "bueno" en Génesis 1 tuvo lugar antes de la caída en Génesis 3; por lo tanto, es importante reconocer esta transición del testimonio bíblico, porque la experiencia de deterioro y corrupción de hoy no siempre ha existido. Nosotros no conocemos hoy las condiciones del mundo antes de la caída. Frecuentemente, la gente asume en estas discusiones que "como son las cosas hoy" es la forma como han sido siempre, pero uno no puede hacer este tipo de declaración cuando uno toma en cuenta el narrativo bíblico y el hecho de que la raza humana está "en medio" de tales condiciones.

Por esta razón, se requiere establecer una diferencia: La creación es buena al grado que refleja la bondad de su Creador. Puede ser el caso que una parte de esta creación (la humanidad) ejerza su capacidad para actuar para fines malos y al hacerlo se define como algo contra Jehová. Que la creación pueda y lo haga no necesita reflejarse negativamente en la bondad de su Creador, ni tampoco sugiere que el mal y el bien se necesitan uno al otro para su inteligibilidad y apropiación colectiva. A lo que estas afirmaciones preliminares de precaución simplemente van es que la creación, como la entendemos por experiencia, no necesita ser lo que Jehová originalmente tuvo en mente. Además, que como son las cosas no significa que sean como deben o tienen que ser.

Por supuesto, sabemos muy bien que el mal y el bien existe en diferentes niveles en el cosmos. Lo que este capítulo quiere aclarar es que algo de la época edénica continúa en el presente, después de la caída del cosmos y la humanidad. El *imago Dei* todavía sigue activa y visible aun después de la caída. Ciertamente, uno tiene dificultades para encontrarla a veces, en otros y en uno mismo, pero algo hay que decir de su continuidad y perduración a través de la realidad comenzada con la caída. ¿Por qué? Porque los seres humanos no dejan de ser la creación de Jehová después de la caída. La vida es una realidad llena de gracia en la que Jehová sigue sosteniendo y preservando aquello que no es Jehová y, al hacerlo, Jehová le confiere un nivel de dignidad.

Para decirlo sin rodeos, tanto el ateísta que protesta con su explicación operacional que le permite el ataque contra la existencia de un dios, como aquellos que continúan viviendo por la ley del bien marcado en sus corazones, existen por la longanimidad y el amor gratuito de Jehová. De hecho, los más viles y horrendos humanos no cesan de ser creación de Jehová y, en este sentido, su capacidad para el bien, aunque requieren mucho del trabajo transformativo y restaurativo de la Trinidad, todavía sigue disponible; ellos son creaturas de Jehová y de nadie más. Por esta razón, la humanidad, aun después de la caída, debe considerarse como una especie que ha sido temerosa y maravillosamente creada. Que la imagen divina haya sido empañada, silenciada, manipulada y corrompida, eso es otra cosa, pero no está en esa condición porque Jehová lo haya puesto ahí. Al contrario, la intención de Jehová, desde el principio de la creación en adelante, ha sido extender la perfecta reciprocidad de "dar y recibir" dentro la existencia de la Trinidad. Jehová se establece y relaciona con aquello que proviene de Jehová y que, sin embargo, no es Jehová.

En resumen, la creación es buena porque proviene de un Creador bueno y el grado en que se pueda evaluar como buena se basa en la medida que se hace referencia a Jehová. Que esta medida nos lleva a la realidad que se explica en el siguiente capítulo: esa realidad de lo que no es Jehová lleva una existencia profundamente conflictiva, de modo que no solamente no es Jehová, pero en un sentido real, urgente, detectable y trágico es contra Jehová.

Capitulo

3

El Estado Conflictivo de la Creación

Lo que no es Jehová, ha llegado a caracterizarse como algo contra Jehová. En la narrativa del libro de Génesis, uno llega al capítulo tres, donde las cosas comienzan a desmoronarse rápida y definitivamente. La narración cuenta como a Adán y Eva se les presentan dos opciones opuestas, una de Jehová ("comer del árbol de la vida los llevará a la muerte") y la otra de la serpiente ("comer del árbol de la vida no lleva a la muerte; los hará como Dios"). Adán y Eva desearon ser como Jehová, lo que en sí no es algo malo, porque, como se observa en Génesis 1, ellos fueron creados para reflejar la imagen de Dios. Sin embargo, la narrativa sugiere que hubo dos opciones para obtener este fin: una de Jehová y otra de la serpiente.

Al final, Adán y Eva escogieron la opción de la serpiente y su decisión tuvo consecuencias profundas. Las dos opciones, la de Jehová y la serpiente, obviamente son incompatibles: una es la verdad y la otra una mentira; una lleva a la vida y la otra a la muerte. Los primeros humanos, desde el punto de vista del testimonio bíblico, decidieron creer a la serpiente. Su decisión revela una falta de confianza en su relación con Jehová. De acuerdo a sus acciones, ellos consideran a Jehová menos digno de confianza que aquello que no es Jehová. Además, Adán y Eva buscan un bien ("ser como Dios") de forma equivocada (de acuerdo a la mentira de la serpiente). Esto corrompe las posibilidades de ese curso de acción y a ellos mismos en el proceso. Al buscar ser como Jehová de una manera que es contraria a los pronunciamientos de Jehová, estos arquetipos bíblicos de la humanidad esencialmente siguen un camino profano, no el camino de la santidad. En lugar de ser parte de la creación que participaría de la existencia de Jehová, siguen un proceso de divinización falso que los lleva a la condición de estar contra Jehová. En lugar de ser los compañeros de Jehová, la humanidad se vuelve su rival. Los humanos desean la divinidad en sus propios términos, no los de Jehová. En breve, ellos querían la divinidad por la fuerza y pura voluntad en lugar de recibirla como un regalo.

Las Alternativas Que No Son Viables

¿Qué se puede pensar del giro que tomaron estos eventos? ¿Creó Dios una creación imperfecta con la capacidad de rechazarlo? Algunos han optado por esta alternativa y han reducido la culpa asociada con el papel que la humanidad juega en el rechazo de Dios. Pero, además, insisten: si el rechazo es posible, ¿no debería Dios aceptar parte de la responsabilidad por diseñar humanos de este tipo? Este tipo de ataque es quijotesco porque argumenta, después del hecho, que la humanidad debe estar mal diseñada porque funciona mal.

¡Cómo si una mala aplicación voluntaria es lo mismo que una falla de diseño!

Como ya lo hemos notado en el primer capítulo, la distinción y dinámica entre Creador y creación se abordan desde diferentes puntos de vista. Otros problemas relacionados con la preservación y la providencia también salen a flote en estas consideraciones. ¿Qué tanto está Jehová involucrado en los asuntos cotidianos del cosmos? ¿Causa Jehová todo lo que pasa? Estas preguntas se vuelven especialmente difíciles cuando uno reconoce que muchas cosas preocupantes y deplorables pasan en la creación y, por lo tanto, el papel de Dios en relación a esos incidentes se vuelve muy significante.

Otra gente que busca sentido en medio de caos escoge un cierto tipo de determinismo. Este tipo de determinismo opera bajo la presuposición que "lo que pasa, pasa por alguna razón." La lógica asume que las razones son conocidas solamente por Jehová, pero, siendo Jehová "todopoderoso," entonces el universo opera con un significado basado en la noción que lo que pasa, pasa por necesidad. Siendo ese el caso, todo lo que ocurre tiene un papel que jugar en la voluntad divina: todo lo que pasa es parte del plan de la Trinidad. Lo único que se tiene que figurar es cómo todo lo que ocurre encaja con la voluntad de Jehová. Dadas estas conclusiones, se requiere una explicación para los desastres naturales y las tragedias masivas humanas. Quizás, estos deterministas dirían, un desastre natural tomó lugar en una región en particular porque Jehová estaba castigando a la gente por sus pecados o por los pecados de sus antepasados. La misma lógica ha sido aplicada por creyentes a los genocidios, la violencia, y otros eventos.

Aunque se usa el testimonio bíblico para substanciar este tipo de lectura de las Escrituras, las presuposiciones para estas "explicaciones" son difíciles de sostener por su lógica defectuosa. El que las profiere asume acceso y autoridad sobre la revelación para decir: "Jehová hizo esto o aquello por esta u otra razón." Lo preocupante es la facilidad con la que algunos "hablan por Jehová" acerca de estos escenarios. Mientras que uno puede otorgarse "privilegio profético" en el proceso, no es del todo claro si el papel es profético en este caso o si es la estancia moderna para explicar todo hasta que uno no tiene que sentir.

Las dificultades asociadas con la prisa para dar explicaciones toman también otra dirección. Puede darse el caso que los que sufren se culpan a sí mismos por las tragedias y dificultades, a pesar de que no hay evidencia empírica para ello. Ellos creen que son el objeto de la ira de Jehová, aun cuando no entienden el por qué. Como muchos han observado, la gente está inclinada a culparse para evitar la ambigüedad del caos. Es más fácil culparse a uno mismo o a otro que admitir que no hay razones disponibles para explicar el horror o la tragedia inesperada. El determinismo estridente, entonces, permite que la gente juegue el "juego de la culpa," ya sea en relación a otros o con ellos mismos.

Un determinismo que licencia a sus partidarios a explicar momentos de sufrimiento severo y profundo tiene el potencial de ser inmoral. Uno no puede dejar de pensar cuán importante es en este contexto la condenación de los amigos de Job. Un determinismo que pretende hablar por Jehová puede ser contra Jehová en sus efectos y consecuencias. Estos efectos no sólo son perjudiciales para aquellos que sufren (porque se ofrece un explicación en lugar de una ayuda concreta), también lo son para aquellos que los causan. En el caso de éstos, el que se cree profeta puede ser parte de un proceso de auto-deshumanización, porque la afirmación de "la voluntad y propósito de Jehová" puede eclipsar al que sufre enfrente de nosotros. O, si el "juego de la culpa" se aplica a uno mismo, una persona puede volverse amargada y resentido con un dios que castiga sin razón alguna. Con un antagonismo infligido contra sí mismo, hay otro tipo de deshumanización en juego, una deshumanización que mina nuestra dignidad por una explicación defectuosa de cómo Jehová obra en el cosmos.

Reconsiderando el Concepto de Causalidad

Si el deísmo, el dualismo, y el determinismo no son alternativas viables para explicar el estado conflictivo de la creación, entonces, ¿cómo uno lo va a explicar? Si la Trinidad creó el cosmos en libertad y por amor, uno puede aplicar esta lógica a aquello que no es la Trinidad: la creación se ha de relacionar con Jehová y consigo misma *en libertad y por amor*. Uno puede ver esto en la narrativa de Génesis, cuando se da con límites a la humanidad potencial y posibilidad. En este sentido, lo que está en juego es auto-determinación y capacidad de actuar. Si estos están en juego, entonces existe la posibilidad—aunque suene contradictoria—de posibilidades alternativas. A Adán y Eva se les dijo que no comieran: ellos no debieron haber comido, ellos podían no haber comido, y, sin embargo, comieron.

Como creador y realidad primordial, la Trinidad es la causa de todo lo que existe. Jehová dio vida al cosmos y, en este sentido, Jehová es responsable por su existencia. Pero Jehová dio vida a cierto tipo de cosmos y creó a la humanidad para que fuera de una forma en particular. Lo que tenemos con los humanos es agentes morales con auto-determinación y auto-caracterización. Aunque son influenciables y maleables, los humanos asumen y operan como seres con capacidad de elección. Los ejemplos abundan. Independientemente de dotaciones genéticas, la elección de estilo de vida frecuentemente inclina la balanza en una u otra dirección cuando se trata de salud y calidad de vida. Uno puede poseer todas las habilidades y talentos del mundo, pero esas habilidades y talentos deben dominarse y disciplinarse por largo tiempo para que puedan alcanzar su óptimo potencial.

En otras palabras, como entidades morales, los seres humanos ejercitan una especie de causalidad: pueden tomar decisiones para determinarse a sí mismos. Las opciones disponibles pueden ser limitadas y la gente puede oscilar de muchas formas, pero la capacidad de elegir es un rasgo importante de como los humanos se entienden a ellos mismos y cómo se relacionan con todo lo que existe. En este sentido, lo que está en juego es causalidad secundaria: los humanos pueden ejercer su capacidad de elección porque Jehová ha causado esa posibilidad. La distinción teológica aquí es entre causalidad primaria y secundaria, una que muchos observadores han ignorado o negado, pero cuya afirmación es crucial. Sin una distinción entre las dos, la gente las revuelve y acaba con las alternativas inviables tratadas anteriormente. Para concluir, Jehová da al cosmos espacio para existir. Y de forma misteriosa, aquello que Jehová creo puede identificarse como algo que no es Jehová que al mismo tiempo es llamado a crecer y participar en Jehová.

Lo difícil de entender es que Jehová creó algo que no era Jehová de tal manera que permitía la capacidad en sí de rechazar a su creador. En otras palabras, aquello que no es Jehová puede voluntariamente escoger ser contra Jehová. A primera vista, esto puede parecer un defecto, pero, ¿cuáles son las alternativas? Si Jehová determinaba que la creación lo adoraría y serviría por necesidad, ¿sería eso verdadera adoración y devoción? De acuerdo a la lógica de las interacciones humanas, las relaciones sanas se realizan en libertad y por amor. Sonaría fuera de tono que las creaturas de

Jehová fueran forzadas a amar y adorarlo. Esas condiciones manipuladas irían en contra de la realización de lo que parece lo más apropiado cuando los humanos fomentan relaciones entre ellos mismos.

Si la Trinidad crea en libertad y por amor, la expectativa sería que su creación correspondiera de igual manera: como seres que amaran y contemplaran a la Trinidad en libertad y por amor. Pero la misma naturaleza del amor y la libertad requieren que sean acciones que lógicamente pertenecen a seres capaces de llevarlas a cabo. Son acciones apropiadas para sujetos que pueden determinarse a sí mismos. La creación puede y debe contemplar a Jehová en libertad y por amor, pero porque es así puede haber otras alternativas, es decir, alternativas que apuntan a sobrepasar los límites y condiciones asociadas con ser algo que no es Jehová. Cuando la creación responde a Jehová análogamente a la manera que fue creada, entonces se puede decir que cumple con su propósito y que está prosperando. Cuando no es así, la creación se pone en una relación voluntariamente antitética y alienada con su creador.

El Mal y los Abusos de la Agencia

Este estado de alienación es lo que muchas veces llamamos el mal. Es una categoría que se piensa más accesible que la del pecado (siendo ésta más teológica), aunque las dos ocupan mucho del mismo espacio. El mal es algo que es contra el bien y, por lo mismo, contra Jehová. El pecado incluye las condiciones y prácticas asociadas con una auto-determinación defectuosa. Es defectuosa porque ese uso no da la gloria a Jehová. Los dos van contra los propósitos de Jehová y, por lo mismo, ambos ocupan la misma esfera o condición. Tradicionalmente, se les ha separado en varias formas, pero, viéndolos de cerca, ellos están más cercanos de lo que parecen a primera vista.

El mal muchas veces funciona como una categoría des-teologizada, una categoría que apela como realidad a muchas personas sin importar su persuasión teológica. Esto también es posible si se des-teologiza el concepto del bien. Si el bien no es teológico, tampoco el mal se considerará como tal. Pero para los cristianos, el bien es un concepto teológico porque Jehová es la única fuente de bondad (Jehová es, de hecho, el bien); por lo tanto, también el mal es un asunto teológico a considerarse. Dada su robusta explicación teológica, el mal no es una cosa de por sí, ya que no fue algo creado por Jehová; más bien, es el ejercicio errado o la apropiación de una cosa buena, a saber, el libre albedrío o la auto-determinación. Como algunos han comentado, toda cosa buena puede ser abusada. Cuando se abusa, algo nuevo emerge—algo en lo que están envueltos propósitos, acciones, y agentes malos. Todas estas circunstancias y condiciones emergentes descansan sobre una auto-determinación defectuosa. El mal se puede considerar apropiadamente como el resultado de agentes que abusan la libertad dada por la Trinidad.

Otros han comentado que el mal es un parásito del bien, porque es una privación o corrupción del bien. Y este es el énfasis de este ensayo. La dificultad con esta perspectiva, sin embargo, es que puede ser excesivamente abstracta y conceptual. ¿Podemos hablar del mal sin tomarlo en serio como un fenómeno de la experiencia humana que vacía y destruye a los que están alrededor? ¿Puede tan idealista forma de hablar ser justa para las víctimas de violaciones y abuso? Aun cuando es cierto que mal es una corrupción del bien, no se puede considerar aquél simplemente como una privación o una deficiencia de algo más. En un sentido muy serio, el mal es capaz de horrores que crean su propia realidad en términos de sus propias causas, efectos, y círculos viciosos.

Por esta razón, las explicaciones del mal que operan desde el punto de vista de gente y casos reales tienen el potencial de evitar esa trampa. M. Scott Peck en su libro, *La Gente de la Mentira*, nos ayuda en este sentido, ya que la suya es una explicación muy bien informada por su trabajo como practicante de psiquiatría. Peck considera que los individuos malos son "la gente de la mentira," porque "los malos" son aquellos que viven en autoengaño perpetuo, negando la verdad y sus propias conciencias. Ellos no pueden admitir sus propias faltas y limitaciones y actúan por un constante narcisismo, que los lleva a ser perezosos y a buscar siempre chivos expiatorios.

Esta práctica de buscar chivos expiatorios es una proyección de tal magnitud que tiende a infligir daño y violencia sobre otros antes de admitir sus propias limitaciones. En otras palabras, la gente mala prefiere culpar a otros (y hasta perjudicarlos) en lugar de reconocer que ellos se quedan cortos y cometen errores.

Varios de los puntos del trabajo de Peck son controversiales, incluyendo uno de los principales de su obra, a saber, que el mal es sutil y prevalente entre aquellos que a primera vista parecen gente común y corriente. Contra lo que parece intuitivo, Peck no teme llamar malos a individuos. Por supuesto, existe un peligro muy grande cuando se procede a etiquetar gente. El mal es uno de esos descriptores especialmente difíciles porque el acto de etiquetar puede ser ya un mal. Peck, sin embargo, cree que hay mucho riesgo si uno no distingue lo que es el bien y lo que es el mal, porque sin discernir lo que es bueno no hay esperanza de sanidad. Peck comenta que "la única razón válida para identificar el mal humano es sanarlo cuando se pueda." La tarea no es relacionarlo con criminales o tiranos, sino también con vecinos, familiares, y hasta con uno mismo. Lo que se identifica como el mal, entonces, es algo que se determina a sí mismo, pero también capaz de ser sanado con el tiempo.

Desastres Naturales

He definido el mal de manera muy reducida, porque cuando uno considera otros asuntos con frecuencia denominados como "malos," la precisión y las posibilidades alrededor de esa descripción son significativamente complicadas. Por ejemplo, muchas veces entendemos los desastres naturales como "males naturales." Muchos asumen que cuando un tornado o un terremoto sucede, estos fenómenos son ejemplos de los gemidos y dolores de parto de la creación (Romanos 8) y que el mal no solamente toca a los que tienen la capacidad de estar contra Jehová, pero que también define a la creación misma. Pero, dados los avances de la ciencia, este tipo de lectura puede que no sea la más útil.

En este sentido, el trabajo de Terence Fretheim es muy iluminante. Fretheim distingue entre "creación buena" y "creación perfecta" para sugerir que los desastres naturales, los que con frecuencia se llaman males naturales, pueden ser de hecho parte del propósito creativo de Jehová. Cuando se considera que la creación es un logro cronológicamente progresivo en Génesis 1, que los humanos son llamados a "subyugar" la tierra en ese mismo capítulo y que, además, la humanidad se desarrolla y sostiene en el curso del capítulo 2, entonces, lo que parece características extravagantes de la tierra y que denominamos como "naturalmente malo," puede que simplemente sea la obra en progreso de patrones atmosféricos y geológicos en su desarrollo y formación. Después de todo, la actividad volcánica produce piedras preciosas, los movimientos teutónicos llevan a la formación de montañas majestuosas, y la erosión forma valles que nos dejan boquiabiertos. Cuando la tierra funciona de esta manera, el resultado es inspirador. En otras palabras, la creación no fue un producto acabado cuando Jehová lo creó: con el tiempo, cambia y evoluciona.

Cuando estos procesos toman lugar en alta mar o en áreas muy remotas, pocas veces se les categoriza como malignas. Estos hechos adquieren una carga moral significativa cuando hay pérdidas de vida humana y destrucción de bienes materiales. El caos resultante de estos acontecimientos a menudo conduce a la pregunta del "por qué." Pero, como este cambio demuestra, la pregunta del "por qué" en este contexto es muy antropocéntrica. Ciertamente, los humanos exacerban las condiciones para esas pérdidas con varios factores—al construir ciudades a lo largo de fallas geológicas o volcanes, al contaminar el ambiente a tal grado que se alteran los patrones climáticos, y al practicar la injusticia, de modo que la pobreza se propaga y se desarrollan infraestructuras deficientes en ciertas partes del planeta. Pero en última instancia, los procesos del planeta no discriminan necesariamente entre unos y otros.

De alguna manera, y Fretheim enfatiza este punto, esta semi-explicación puede ser de ayuda para alguna gente. En lugar de ser demostraciones del juicio de Jehová o aberraciones del orden natural, esos eventos son simplemente la forma cómo la tierra fue diseñada. Vivir en esta tierra significa que hay que tolerar cierto nivel de incertidumbre, variabilidad, e indeterminación. Pero para otra gente, estas explicaciones no son de mucho valor, especialmente durante la crisis. Cuando la gente ha perdido todos sus bienes, por ejemplo, o sufren por la pérdida de un ser querido, decirles que así es como la tierra está supuesta a funcionar posiblemente sería insensible y doloroso. Se necesita, ciertamente, el tiempo apropiado, decoro, y discernimiento pastoral para hablar y evaluar estos asuntos.

No obstante, lo que Fretheim dice es importante, porque sugiere que la reacción automática de etiquetar esos momentos como males naturales puede ser apresurada y miope. Claro que las consecuencias de un desastre pueden ser desgarradoras y difíciles, pero los hechos mismos son simplemente demostraciones de cómo la tierra funciona. Como Fretheim lo nota, la tierra es más un proceso dinámico que un producto completo. Estos procesos pueden ser caóticos, dolorosos, y severos, pero estas cualificaciones no tienen que llevarnos a considerarlos como "malignos." En cierto sentido, la categoría de "males naturales" es una frase equivocada.

El Pecado

Donde el mal y el pecado naturalmente convergen es en el ejercicio de la auto-determinación humana, y en este punto sería de mucha ayuda extender nuestras nociones del pecado.

Con frecuencia se define el pecado como "errar al blanco," un acto que se entiende dentro del marco jurídico como desobediencia a la ley de Jehová. En el lenguaje común, esa forma de enmarcarlo es una explicación objetiva, porque se ve el pecado como algo que depende de algo extrínseco al individuo (en particular, con la acciones de un individuo que está o no está en conformidad con un standard) y, a su vez, las consecuencias (la bendición de Jehová o el castigo de Jehová) también son externas al individuo. Esta forma de definir el pecado es especialmente popular en ciertos círculos protestantes y se piensa que es una derivación de la teología del apóstol Pablo. Esta definición es apropiada pero no exhaustiva, por lo menos en dos puntos.

Ciertamente, cuando los individuos pecan, ellos están en contra los propósitos de Jehová de forma voluntaria y requieren juicio por sus acciones. Pero si un número suficiente de individuos cometen pecados similares por un tiempo, esas acciones y sus consecuencias perviven de manera propia. La naturaleza objetiva del pecado no está simplemente relacionada a individuos que erran el blanco, también tiene que ver con el "errar colectivo" que establece y perpetua las condiciones que hacen difícil que los que no son perpetradores directos de tales acciones vivan de manera recta y santa.

Un ejemplo de esta situación—una que se puede considerar pecado "estructural" y "sistémico"—es el caso del racismo. La gente no nace racista, pero nace en contextos que colectivamente albergan sentimientos y prejuicios racistas. ¿De dónde provienen esos sentimientos? Provienen de las acciones similares que ciertos individuos cometen por mucho tiempo, sucesivamente perpetuando las condiciones y consecuencias para los que van a imitarlas después de ellos. Estas decisiones relacionadas con el poder sistémico y el abuso moldean a la gente con el tiempo, muchas veces de forma explícita, pero por lo general en forma tácita, nefaria, y sutil. Con el tiempo, estos patrones producen sociedades racistas. Y cuando la gente nace en estos contextos, la gente "naturalmente" e inevitablemente se moldea por esas condiciones. Este tipo de conformación es tan básico y fundamental que, cuando se pone en la palestra de la conciencia de un individuo, requiere de mucho esfuerzo para refrenar y mantener a raya.

Además del pecado estructural y sistémico, hay otra característica del pecado que el modelo jurídico pasa por alto. El pecado tiene que ver con la estructura y corrupción de nuestro propio ser. El pecado no solamente es quedarnos cortos de un standard que tratamos de cumplir. El pecado nos afecta en el centro mismo de nuestro ser. Muchas veces, este punto de vista se considera una forma "subjetiva" de ver el pecado, porque en lugar de enfocarse en los factores externos, enfatiza cómo el pecado nos afecta de adentro hacia fuera. De acuerdo a esta perspectiva, el pecado es algo malo para nosotros. El pecado nos destruye interiormente, no nos deja florecer ni experimentar la felicidad. Por lo tanto, *el pecado es algo contra*

Jehová y, por lo mismo, contra la creación y contra la humanidad. El pecado es lo más anti-natural que existe. En un sentido muy serio, los humanos que pecan son "menos que humanos," porque viven en un estado más bajo, un estado para el cual no estaban destinados.

Quizá estos variados sentimientos sobre el pecado son contra-intuitivos, porque muchas veces en nuestra lucha contra el pecado, se piensa que el pecado representa una tentación por hacer lo que es placentero y egoísta. Sin duda, el pecado se asocia con escenarios en el que se nos presentan las "so luciones rápidas" de placer y satisfacción, pero esta forma de entenderlo así es errónea. Lo cristianos tienen que operar con la convicción que el pecado es malo para ellos. Si no operan de esa manera, el pecado llega a considerarse algo bueno y resistirlo se vuelve más difícil. El pecado, sin embargo, no es algo bueno que se auto-genera. Al contrario, el pecado no puede sostener la felicidad por mucho tiempo; afecta la vida, como cuando uno dice que alguien ha tenido "una vida dura." Esta perspectiva se destaca en la explicación del pecado en la tradición Ortodoxa Oriental, que ve el pecado más como una enfermedad que aflige a la humanidad que como un status delante de la Trinidad.

Como corolario a lo que se ha dicho en el capítulo anterior, los cristianos deben deleitarse con cuan buena es la creación, pero deben también ahondar seriamente y horrorizarse de cuan malo es el pecado. La creación es buena y bella, pero con frecuencia se pasa por alto como tal, por nuestras vidas ajetreadas e impulsadas por la tecnología y el utilitarismo. Además, el pecado es dañino y destructivo. Sin embargo, muchas veces se ve de forma diferente, por aburrimiento, indiferencia, o un vacío general de significado en nuestras vidas.

El Diablo

Con el tópico a la mano, a saber, el estado conflictivo de la creación de Jehová, se debe tocar un tema que no es muy popular hoy día. Aunque es un tema impopular para los cristianos y la sociedad en general, el testimonio cristiano ha profesado por siglos la existencia de una entidad que está contra Jehová, es decir, el diablo. ¿Qué podemos decir de esta entidad? Mucho que los cristianos asumen acerca de "Satán" (en hebreo: "el acusador") se deriva de rumores y cuentos folclóricos. La Biblia casi nunca describe esta entidad y, cuando la describe, no es extensa ni claramente. Lo que sí es claro es que el diablo quiere destruir la creación, a corromper lo bueno que es.

En vista de la existencia de Satán y lo extenso de su obra, es importante evitar tomarlo demasiado en serio o demasiado a la ligera. ¿Cómo se puede tomar a Satán demasiado en serio? Uno lo toma demasiado en serio cuando se asume que él es más poderoso que Jehová y que el pecado, el sufrimiento, y la muerte tienen la última palabra sobre el valor y el significado de la existencia. Los humanos pueden resistir la tentación del diablo porque han visto que se puede en el ejemplo de Jesucristo. La resistencia, sin embargo, no es un hecho, y mucha gente actúa de acuerdo a propósitos malignos, los cuales son más extensos que los de una entidad "casi o sub-personal." Además, tomar al diablo demasiado en serio es no tomarse a uno mismo en serio. En otras palabras, el diablo es un chivo expiatorio fácil para quienes no quieren asumir responsabilidad por sus acciones—una acción que expande el círculo del mal.

Por otro lado, uno corre mucho riesgo si se toma al diablo demasiado a la ligera. Por ejemplo, cuando se denuncia lo demoniaco simplemente como mito o cuando se toma como un problema que requiere una solución racional, porque su alcance es mínimo. De acuerdo a las indicaciones del Nuevo Testamento, hay poderes fuertes que seriamente amenaza la vida y los propósitos de Jehová. Si uno descarta y se endurece a la severidad y urgencia de estas condiciones, uno demuestra una ignorancia profana de cuan depravado, lastimado, y perdido está el mundo actual.

Los cristianos viven en una tensión inquietante completamente escatológica: ellos creen que el mundo está sumido en decadencia, caos, y sin sentido, y, sin embargo, que es dentro de este mundo que Jehová ha ofrecido los primeros frutos del reino. La dialéctica del reconocimiento de la severidad y urgencia de la batalla, sin olvidar lo decisivo de la victoria prometida (ya actualizada, en un sentido de resurrección), es algo que no se puede vivir sin la presencia permanente del Espíritu Santo. Es una batalla verdaderamente cósmica que ha tomado un giro con el Cordero que ha sido inmolado.

Sin embargo, es una batalla que continúa hoy en día y que uno tiene que reconocer como una que no puede ser menos que una guerra. Las fuerzas del mal, el pecado, la muerte y, ciertamente, el diablo andan rampantes en el mundo. Uno no puede descartar estas fuerzas como defectos o deficiencias. Más bien, ellas son realmente poderes contra Jehová, contra la vida, y la humanidad. Una de las características más lamentables del cristianismo actual es que no se enfrenta con el celo y la movilización requeridos contra la terrible situación del mundo (que incluye a nuestros vecinos, amigos y, nuestras familias). La lucha y sus consecuencias son reales. Los cristianos deberían ser los primeros en la línea de fuego para pelear con su disposición y actos de verdad y amor.

La Pregunta Persistente: El Sufrimiento Humano

Lo obvio que las discusiones teológicas ignoran no es tanto los desastres naturales, el pecado, o el mismo diablo, sino el sufrimiento, particularmente el sufrimiento y el dolor humano. ¿Dónde encaja el dolor y el sufrimiento dentro de la fe? Al fin y al cabo, es por el dolor humano que la gente se pregunta "por qué." Hay ocasiones que las atrocidades y horrores son tan intensos que la gente no puede salir adelante teológicamente y no pueden "perdonar a Jehová" por haber permitido que ocurriesen. Esta es la razón por la que el sufrimiento provee mucho del racionamiento y el impulso para una teodicea, a tal grado que se cuestiona la existencia de un dios a la luz de sus presiones.

Muchas veces se ve el dolor y el sufrimiento como "males necesarios," como algo que contribuye al crecimiento de nuestras vidas, aunque la evidencia para esto sea frecuentemente anecdótica. A veces la gente se pone a la altura de las circunstancias debido a la adversidad y logran ser mejores personas de lo que ellos creían. "Lo que no te mata, te fortalece," es el dicho popular inglés. Anatómicamente, los músculos crecen cuando se rasgan; en el nivel relacional, los humanos crecen y maduran más a través de pérdidas y tragedias que por logros y éxitos. ¿Acaso no es bueno el crecimiento? Por lo tanto, se dice que el dolor y el sufrimiento son partes intrínsecas del bien; sin ellos, no tendríamos el ímpetu para crecer, para ser más sabios y maduros.

Aunque es verdad que la gente estima más el bien cuando se enfrenta a males y sufrimientos, una explicación del bien que requiere de ellos para ser "mejor" es una definición deficiente del bien. Este punto se ha mencionado repetidamente por que se registra intuitivamente en nuestras mentes. El mal, el sufrimiento, y el pecado no son parte original de la creación; más bien, son aberraciones del orden original de las cosas.

Después de la caída, cuando el mal, el pecado, y el sufrimiento están descontrolados, la interrelación entre estos y el bien puede ser posible, pero sólo de una manera derivativa. Como David Bentley Hart observa: "El pensamiento cristiano, desde un principio, niega que (en sí mismos) el sufrimiento, la muerte y el mal tienen un valor definitivo o un significado espiritual en absoluto. El cristianismo argumentó que eran contingencias cósmicas, sombras ontológicas, vaciadas de substancia o propósito, por mucho que Dios—bajo las condiciones de orden después de la caída—los convierta en la ocasión para llevar a cabo sus fines buenos" (*Doors of the Sea*). Tenemos que contar con la naturaleza escandalosa del sufrimiento, el mal, y la muerte. Al fin de cuentas, lo inherente en la frase, "lo que no te mata, te fortalece," es la posibilidad que "te mueras." Podemos ser agobiados y vencidos por el mal, el pecado, y el sufrimiento. Todos moriremos.

Es a la luz de la muerte que se debe ver el sufrimiento y el dolor. El desenlace del sufrimiento y el dolor es la muerte; el sufrimiento y el dolor apuntan y conducen a la muerte. Y el meollo de la muerte es la negación de la vida. Sería mucha especulación imaginarse si Adán y Eva hubieran muerto antes de la caída; no hay forma de saber eso. Lo que podemos observar es que la muerte es la negación de la vida, y la tradición cristiana la ha considerado como la consecuencia primaria y más determinante de la caída. La muerte no es algo bueno. Aun cuando sea un lugar de descanso, la cesación del sufrimiento, y se considere como un rito de paso a la eternidad, la muerte no es algo bueno en sí ni para sí. En este sentido, el sufrimiento y el dolor no son algo bueno porque anticipan la muerte; son signos que apuntan a la inevitabilidad de la muerte.

Y es esta inevitabilidad la que torna la vida más difícil y la que tal vez plantea los problemas morales del sufrimiento y el dolor. Los seres humanos vamos y venimos. Nadie tiene derecho a una larga vida y nadie puede controlar del todo los factores de la vida. Todo aquello que no es Jehová es esclavizado dentro de un estado viciado de ser contra la vida y contra Jehová. Esta corrupción no está solamente relacionada con la capacidad de acción o con la voluntad después de la caída, también tiene que ver con el cuerpo. La corrupción consume vidas, cuerpos, y organismos. Es tan vasta y profunda que solamente el Creador puede restaurarla o re-crearla. Y la fe cristiana, en relación a la resurrección de Jesús, cree que la Trinidad ya lo ha hecho y lo hará.

Excurso Práctico: La Practica Bíblica del Lamento

No es fácil aceptar que vamos a morir. De hecho, en nuestra sociedad ponemos a un lado el pensamiento de nuestra muerte, de modo que cuando está cerca nos sorprendemos o la negamos. Cualquiera que sea el caso, nos sentimos incómodos con la muerte y esa incomodidad resulta en intercambios y acciones inofensivas, pero también puede resultar en gestos que ejemplifican el dolor, la amargura, y daños irreparables.

Vivir verdadera y genuinamente implica conocimiento de la realidad de la muerte. Las épocas antiguas, en las que se aceptó la mortalidad con más facilidad que la nuestra, tenían algo que enseñarnos en este sentido. A este respecto, una práctica bíblica digna de ser rehabilitada en la vida de la iglesia es la práctica del lamento. Los cristianos deben ofrecer un espacio donde se puede reconocer y aceptar la realidad de una creación desordenada, caótica, y auto-destructiva.

Los cristianos con frecuencia han ignorado el papel prominente que el lamento tiene en la Biblia. En parte, esta negligencia depende, sin duda de la manera que la sociedad moderna y la iglesia no quieren expresar sentimientos profundos en una manera pública. Bajos tales condiciones, el duelo se vuelve un asunto privado y de los dolientes se espera que terminen pronto y sin alharacas. Esto va en contra de la realidad de lo malo que son el sufrimiento y la muerte como del dolor y duelo que conllevan.

En lugar de albergar una negación de estas realidades, Israel públicamente las aceptó para ser litúrgicamente auténtico y veraz acerca de cómo son las cosas. Fue por esta razón que el lamento, como fenómeno, se abrió camino en las Escrituras, particularmente en los Salmos. Un número significante de salmos tienen el tema del lamento como su motivo primario, mereciendo por ello una categorización propia. Walter

Brueggemann los llama "salmos de desorientación" en oposición a los "salmos de orientación" y los "salmos de nueva orientación." En el caso de los salmos de desorientación, el salmista puede llamar las cosas por su propio nombre dentro del marco doxológico, en otras palabras, mientras se dirige a Jehová. En lugar de hacerlo una ocasión para rechazar a Jehová, el salmista expresa ante Jehová las quejas, los temores, el duelo, el enojo, y cualquier emoción compulsiva. Brueggemann señala gentileza que dirigirse a Jehová de esta manera no es un acto de infidelidad, sino un acto audaz, porque insiste en que esas experiencias sean el objeto de una conversación con Jehová. Ser honestos con Jehová es parte de la espiritualidad y entonces parte de la vida cristiana.

Estas expresiones, si se facilitan colectivamente, ayudan a la honestidad y genuinidad de la vida comunal. En lugar de privatizar, y potencialmente negar, el reconocimiento de cuan malas pueden estar las cosas, el lamento público puede ser un lugar de sanidad y recuperación. Esa forma pública de oración ayudaría a los creyentes a llevar una existencia más genuina, y como tal, a expresar una fe más auténtica. Por lo tanto, los gritos de lamento expresan y dan forma al individuo y a la comunidad de fe cuando experimentan el dolor y la desesperación. Esta formación es importante para que la comunión con Jehová y con otros llegue a ser tanto la modalidad como el marco de referencia hermenéutico para nombrar, recordar, y confrontar esos momentos que resisten toda identificación. En otras palabras, el lamento puede ser el lugar donde se enfrentan las fuerzas de lo que está contra la Trinidad dentro del cosmos, con los medios que se nos han dado, es decir, a través de Cristo y la vida de la iglesia dentro del poder del Espíritu.

Capítulo

4

La Respuesta Sanativa de Jehová

Una de las persistentes preocupaciones de una teodicea, especialmente cuando se pregunta "por qué," es el papel que juega o no juega un dios en el mundo cuando suceden tragedias o acontecimientos horribles. La pregunta urgente es: "¿Dónde está un dios?" A lo que gente con mentalidad teológica puede contestar bromeando, "un dios está en todas partes." Pero, entonces, el intercambio puede continuar con otra pregunta, "Si está en todas partes, ¿por qué no hace algo?" Como mencionamos anteriormente, nuestras sensibilidades acerca de lo que es bueno, bello, y justo, se alteran con horrores y tragedias, y así nos preguntamos sobre lo absurdo del mal, el pecado, y el sufrimiento. Sin embargo, esa acusación opera desde el marco de una explicación del bien. Resulta que nos escandaliza el mal, el sufrimiento, y la muerte, pero no nos escandalizamos cuando somos los beneficiarios de arreglos positivos que están fuera de nuestro control. Por lo general, no nos preocupa cuan "bendecidos" podemos estar; con frecuencia decimos que somos "suertudos." Por ejemplo, para hablar de mi contexto actual, el estilo de vida estadunidense es insostenible; la tasa de consumo, el desperdicio, y el uso de energía están indisponibles para toda la humanidad. Y, sin embargo, nadie se escandaliza por estos "lujos" y discrepancias. Más bien, los estadunidenses dicen que son bendecidos, suertudos, y merecedores de todo esto por su ética de trabajo, su ingenuidad, su fervor religioso, o cualquier otra razón. La hipocresía en todo esto consiste en preguntarnos "por qué" cuando las cosas salen mal; raramente nos preguntamos esa pregunta cuando las cosas salen extremadamente bien (tal vez, ¿injustamente?) a nuestro favor.

En vista de esta inquietante hipocresía, es difícil para los seres humanos empeñarse en acusaciones contra Jehová en particular. ¿Quién puede acusar a Jehová cuando todos son culpables en diferentes niveles de cómo las cosas anda mal y están desfiguradas? De nuevo, estas acciones surgen de la propensión humana a pensar que están ubicados en un estado descontextualizado y a-histórico de omnisciencia. Ese estado es fantasía, uno que es auto-justificante y arrogante (y, por lo mismo, idolátrico).

Sin embargo, para los creyentes, una pregunta persiste: Si la Trinidad aparece de vez en cuando en la narrativa bíblica y la historia para cambiar el curso de los eventos, ¿por qué no asume un papel más activo en los asuntos humanos, especialmente para frenar los niveles de dolor y sufrimiento en el mundo? Si Jehová cuida de los lirios del campo y las aves en el cielo, ¿por qué sucedió el Holocausto durante la Segunda Guerra Mundial? Es cierto que fueron humanos, ejerciendo su capacidad para actuar, en este caso para fines malos, en condiciones y eventos que condujeron a la matanza de millones de inocentes. Pero la pregunta persiste, porque Jehová obviamente permite aquello que no es Jehová continuar aun en su condición de estar contra Jehová. Una explicación de la providencia divina postularía que Jehová está todavía activo en el mundo. Pero, ¿por qué Jehová no toma un papel más activo para que algunos de los momentos más trágicos de la historia humana puedan ser evitados?

En cierto sentido, esta pregunta se parece a la que un ateísta de protesta preguntaría; pero si se observan cuidadosamente, las dos preguntas son diferentes, porque se deriven de dos condiciones diferentes. Los ateístas de protesta y "los rebeldes" como Iván Karamazov operan desde una explicación intuitiva y apasionada del bien. A fin de sostener su crítica, estos críticos requieren de una explicación operativa del bien y, sin embargo, sus bases y alcance son indeterminadas porque ellos están más interesados en encontrar inconsistencias en lugar de crear un inventario de las fuentes del bien, su forma, y sus bases racionales. Pero el creyente sigue esta línea de cuestionamiento desde la condición de su fe. Para éste, Jehová es el *summum bonum*, el máximo bien, la fuente de verdad, justicia, y vida. Por estas razones, el creyente se sorprende de ver cuán horrible el mundo puede ser en su forma actual y desea el reinado de Jehová. La "protesta" es contra cuan mal las cosas están, unida a un deseo para que el reino de Jehová se establezca y manifieste.

Jehová Ha Hecho Algo: Jesucristo

¿Dónde y cómo se establece el reino de Jehová? En otras palabras, ¿Dónde está Jehová obrando? ¿Cómo está Jehová sanando y reparando el mundo? Para los cristianos, el primer lugar a donde deben tornar es la persona y obra de Cristo, porque en él, la expresión de Jehová es una de identificación con la situación humana, así como una de victoria.

En términos de identificación con la condición humana, un momento esencial es el grito de Jesús en la cruz, con frecuencia llamado "el grito de abandono." El grito mismo, "Dios mío, Dios mío, por qué me has desamparado," es un lamento en el Salmo 22. El grito de Jesús es dirigido a Jehová, y la respuesta es inconclusa en lo que sigue. El momento representa una ruptura significante, una en la que la plenitud de la condición de aquello que está contra Jehová se expresa con toda la angustia, dolor, y rechazo. La Trinidad aquí se enfrenta al estado alienado de la creación.

El grito de abandono abre la posibilidad de enmarcar la pregunta "por qué" de forma cristológica: "¿Por qué murió Jesús?" Además, ¿qué significa que Jesús haya dicho que Jehová lo abandonó? Con una cristología alta en mente, ¿qué significa que Jehová haya abandonado Jehová? Igualmente importante en términos de una cristología baja, ¿qué significa que Jehová haya abandonado a la humanidad? Ambas son preguntas vitales porque ambas son el resultado de la identidad y condición del Jesús crucificado.

La importancia y significado de la crucifixión no se da tanto en términos de la brutalidad de ese tipo de ejecución, sino en su relación con la identidad del crucificado. El crucificado es Jehová hecho humano, Jesús el Cristo. La dificultad de la cruz se debe al escándalo asociado con la identidad del aquel a quien se crucifica. Los cristianos creen que Jesús es el Mesías esperado por mucho tiempo, el profeta anticipado como Moisés y el rey que había de venir como David. Si tomamos en cuenta las reflexiones del testimonio de Juan, el Verbo estaba con Dios y el Verbo era Dios "en el principio." Jehová crea a través del Verbo de Jehová y el Verbo de Jehová se dice que era el Hijo de Dios. Por esa razón, siempre ha habido un vínculo entre lo que Jehová es y aquello que no es Jehová y ese vínculo ha sido el Verbo. El Verbo de Jehová es el puente entre Jehová y el cosmos. El Verbo es el que dio vida al cosmos, es el que lo sostiene y, como lo dice el testimonio del evangelio, es el Verbo el que también lo salva.

Muchos han ofrecido un número de respuestas alternativas a la pregunta, ¿por qué tuvo que morir Jesús? La necesidad implícita de su muerte en esta pregunta lleva a una serie de respuestas especulativas que han sido atractivas para diferentes teorías de la expiación. Estas teorías incluyen varios temas alternativos como imágenes de sacrificio, modelos substitutivos, explicaciones de la justicia como castigo y restauración, etc. Estos modelos son complejos y dignos de estudiarse, pero muchos de ellos tienen un común denominador: se justifica el sufrimiento como un medio para un fin. El Cristo sufriente se pinta como algo valiosísimo, su sangre como algo que limpia, su dolor y agonía como ofrendas de sacrificio de un dios que está dispuesto a pagar lo que debe.

Todas estas explicaciones tienen su propia lógica, pero fallan cuando no toman en serio el grito de abandono de Jesús, como un lamento expresado por alguien que está a punto de morir. El valor de la crucifixión no radica en que a través de ese evento Jesús es el sacrificio perfecto para nosotros. Más bien, la crucifixión es el momento cuando Jehová y la carne llegan a ser uno con nosotros, para que lo que amenaza toda existencia, es decir, la muerte, sea experimentada por Jehová. El grito de abandono de Jesús es un momento en el que "Jehová está con nosotros," Emmanuel, aun dentro de la adversidad que representa vivir dentro de un mundo caído. En otras palabras, La Trinidad vino a aquello que no es la Trinidad en su estado actual de ser contra la Trinidad e hizo suya esa condición. En lugar de tratar con este problema desde afuera, Jehová resolvió el problema de la alienación de la creación desde dentro.

Pero para entender completamente cómo Jehová resolvió el problema de la creación, se tiene que contar toda la historia de sanidad y restauración. La disposición de Jehová se ve cuando hace prendas de cuero para Adán y Eva, cuando ellos están alienados y desnudos (Génesis 3:21). Jehová continúa mostrando esta disposición de gracia y misericordia en la manera que trata con Noé y su descendencia, lo mismo que con Abraham y los suyos. La constante preocupación de Jehová de salvar y sanar sigue en Éxodo, en el llamado al arrepentimiento de los profetas y culmina con la persona y obra de Cristo. Esta continua disposición de Jehová de no darse por vencido por la creación es la buena nueva para un mundo lastimado y moribundo. La gracia y la misericordia de la Trinidad para sanar y restaurar son el meollo de lo que el evangelio es.

Por lo tanto, los cristianos actuales sufren de miopía cuando asumen que la obra salvadora de Jehová sucede exclusivamente en la cruz. No es así. Jehová está por nosotros de la misma manera que Jehová está con nosotros. Nacimiento, encarnación, ministerio, enseñanza, obediencia fiel en medio de la adversidad, sufrimiento, rechazo, crucifixión, sepultura, resurrección, y ascensión: todos estos momentos dentro de la vida de Cristo muestran cómo la Trinidad en Cristo es por nosotros. Todos ellos indican un movimiento, uno que ha sido llamado el esquema de *exitus-reditus* (salida y retorno). Como los muchos en la antigüedad repetían, Jehová se volvió uno de nosotros para que nosotros nos volviéramos como Jehová. Esta esperanza es el fin donde la sanidad y la redención toman lugar. Y esta posibilidad demuestra que la creación (eso que no es Jehová y que ha sido pervertida para ser significativamente contra Jehová) vendrá algún día a ser como Jehová, buena y muy buena de nuevo y aún mejor de lo que fue antes.

En vista de estas consideraciones, se puede decir que Jehová no es simplemente un espectador del todo el dolor y sufrimiento que existe en el mundo. Al contrario, en Cristo, la Trinidad se une en sí mismo con el que sufre y el que llora. Esas experiencias de estar contra Jehová no son foráneas ni ajenas a Jehová. Jehová está dentro y más allá de esas instancias: Jehová se identifica con ellas (como humano), pero también redime, restaura, y levanta (como Jehová) al caído, al que sufre, y al que muere. En vista de estos factores, se puede ver que los cristianos contemporáneos con frecuencia enfatizan la crucifixión y descuidan la encarnación (la Trinidad llegó a ser como nosotros) y la resurrección (la Trinidad superó la muerte). Como creyentes y seguidores de Cristo, los discípulos de Cristo viven en una realidad marcada por las condiciones después de la caída, pero también ven vislumbres de la sanidad y esperanza que vienen después de la resurrección. La encarnación muestra que los humanos no están solos y que Jehová no ha abandonado la creación porque está manchada con una disposición contra Jehová después de la caída. Además, la resurrección muestra que la creación, aunque está afectada severamente por la caída, no será abandonada a sufrir las nefastas consecuencias de la caída, puesto que Jehová mismo ha tomado control y las ha vencido.

La respuesta que los cristianos pueden ofrecer a los ateístas y aquellos que tengan preocupaciones urgentes de una teodicea es Jesucristo. La respuesta que los cristianos puedan dar a ese dilema es el dios encarnado, el que sufre al lado de la creación para restaurarla, redimirla, y dignificarla. Dicha respuesta puede que no sea la que muchos esperan, porque no es una erradicación práctica ni conceptual del mal y del sufrimiento, como se conoce. Pero como dijimos anteriormente, la respuesta de una teodicea se espera en condiciones que la teodicea misma ha hecho imposible. Para decirlo de otra forma, *la expectación de una teodicea amerita una crucifixión*. Es nuestra carga llevarla al lado del Cristo crucificado.

Admitir esta respuesta, sin embargo, no lo deja a uno sin recursos para elaborar las implicaciones de un mesías crucificado. Por ejemplo, un dios que se presenta solamente a veces cuando las cosas andan mal y ofrece una solución superficial desde afuera de la situación humana es un dios cobarde e indiferente. Este dios se aparecería solamente para "apagar incendios," pero haría poco por simpatizar genuinamente o para comprometerse con las condiciones que causaron esa crisis. Pero un dios que carga con el sufrimiento del mundo es un tipo de dios diferente. Con este tipo de dios, el poder se muestra en la debilidad; la majestad se afirma en humildad; el señorío se atestigua en la sumisión, y la victoria se establece en la derrota. La descripción de Cristo en el Gólgota está más cerca del que sufre que el mismo sufriente está de sí mismo. Y la imagen del Cristo resucitado, con moretones y marcas de más, es una imagen que demuestra un tipo de esperanza que sugiere que la tragedia, las pérdidas, y el dolor—

tan importante que son—no tendrán la última palabra en esta vida.

La Pregunta Abierta

Si Jehová está con nosotros en Cristo y no es un dios distante y deístico, ¿por qué no usa medidas preventivas para que las cosas no lleguen al grado que suelen llegar? Si Jehová está activo en el mundo con ciertas tragedias o sanando y bendiciendo gente en el camino, ¿por qué existen casos horríficos, sufrimientos, y muertes, como los genocidios y las epidemias? Esa es una pregunta constante que se debe dejar abierta para Jehová, para que sea este, y solamente este, quien conteste. Esta afirmación no se hace con arrogancia o rebeldía. La afirmación la hace uno que sufre y que no sabe cómo contestarla. Las escrituras no dan a la iglesia una respuesta para esta pregunta y aquellas respuestas que la iglesia se ha ideado han sido, en el mejor de los casos, muy problemáticas y, en el peor de los casos, violentas. Este es el tipo de pregunta como la del "por qué," la cual no se puede contestar en esta vida, porque es una que sólo Jehová puede contestar y no lo ha hecho (todavía). Es una pregunta que sentimos en ciertos momentos más que otros, mientras esperamos la redención de nuestros cuerpos, y constituye una pregunta viva y seria. Esta postura tal vez nos alarme, pero los cristianos creemos que es una respuesta conforme a la bondad, santidad, y justicia de Jehová.

Aun así, hasta ese día, los cristianos no necesitan una respuesta para ser fieles; tampoco necesitan satisfacer estas indagaciones para tener una explicación coherente del carácter de Jehová. Si uno abandona un rasgo del carácter divino o la creencia en la existencia de Jehová del todo, ¿cuáles serían las bases para cualquier afirmación? Para los cristianos, la explicación del bien, la justicia, y la verdad descasan sobre una explicación de Jehová. Sin Jehová no hay sentido ni significado; por lo tanto, nada tiene caso. Las bases para la crítica, el lamento, la rebelión, o cualquier otra reacción que el creyente experimenta frente al horror se nulifica si se rechaza al dios del todo. Aquellos que no creen que este es universo lleno de la gracia de Jehová deben dar razón de las bases para su protesta; tienen que ser honestos a cerca de los orígenes y los objetivos de su explicación de la bondad, la justicia, y la verdad. Los cristianos son claros sobre esos puntos, lo hace su práctica del lamento y silencio más coherente y transparente que la crítica, el cuestionamiento, y la protesta del escéptico.

Dios Está Haciendo Algo: La Iglesia en el Poder del Espíritu

Jehová está en el negocio de sanar y restaurar el mundo. Y del mundo que estamos hablando es *este* mundo. Una orientación escapista, para la cual solo importa el otro mundo, no es suficiente. Las buenas nuevas proclamadas y encarnadas en la vida y obra de Jesucristo, el Hijo del Hombre y el Hijo de

Dios, son para este mundo, aquí y ahora. Esta afirmación significa que la obra de Jehová tiene que ver con la derrota y la confrontación continua del mal, el pecado, el sufrimiento, y la muerte. En la terminología popular esta resolución divina se conoce como "la misión de Dios" o, su equivalente en latín, *missio Dei*. La Trinidad ha afirmado la victoria a través de la vida, muerte, y resurrección de Jesucristo sobre los poderes que mantienen al mundo en un estado contra Jehová. Este evento fue decisivo para ambos, el mundo existente, y para el futuro.

Si la misión de Dios es sanar y restaurar el mundo, entonces, esta tiene también que ser la misión de la iglesia. En este capítulo se enfatiza la iglesia, porque es esta comunidad de seguidores de Cristo (a los que a veces se llama el cuerpo de Cristo) la que guarda viva la memoria y la obra del evento de Cristo, en forma explícita y encarnada. Este grupo de discípulos es el que recuenta las historias del hombre de Nazaret, motivados por el Espíritu Santo y estimulados por la tradición apostólica. Ellos ven a Jesús tal como es y lo adoran, le dan gracias hasta el día que regrese y anhelan vivir sus vidas como él. Esta memoria y comportamiento se sostienen por medio de la predicación, la enseñanza, los sacramentos, y otras actividades que testifican de él y su reino a una humanidad que está sufriendo y muriendo. Dentro de todas estas actividades, el Espíritu Santo ayuda la iglesia por su poder, presencia, y unción ser la luz que el mundo actualmente necesita. La iglesia, como cuerpo de Cristo, debe mostrar los primeros frutos del reino en su vida común. Cuando un mundo que sufre ve a la iglesia, debe ver una esperanza de otra forma de vivir.

Pero, como todos sabemos, la iglesia con frecuencia falla en realizar la *missio Dei*. Lamentablemente, la iglesia puede ser más parte del problema que de la solución. La iglesia puede contribuir aquellos rasgos sostenidos por este mundo como algo contra Jehová precisamente (e insidiosamente) por su hipocresía de proclamar una cosa y vivir otra. Tales posibilidades y las muy comunes realidades sugieren que la iglesia está llamada a unirse a la misión de Jehová, pero la misión no es la propiedad de la iglesia. No, la *missio Dei* es precisamente la misión de Jehová, y Jehová puede trabajar dentro de la iglesia (algo que es apropiado, ya que Jehová llama la iglesia la comunidad de discípulos que testifican el evangelio a las naciones) y fuera de la iglesia, especialmente si ésta se ha alineado con formas más allegadas a las fuerzas y persuasiones que están contra Jehová. El peligro se pone de manifiesto en la obstinación de Israel a través de la historia bíblica y en la testarudez de la iglesia en los años después de la ascensión de Cristo. El pueblo de Jehová no tarda en adorar y priorizar entidades que no son Jehová. Los patrones están muy bien documentados y muy familiar para quienes quieran recordar, pero la tendencia continúa registrándose y plagando a los que son fieles nominalmente. Estas instancias muestran que ser Pueblo de Jehová no es simplemente una marca de identificación, sino una realidad que debe vivirse con intencionalidad y de forma sostenida.

Por este sentido de humildad y arrepentimiento, la iglesia debería reconocer que muchos que aparentemente no son Cristianos (¡incluyendo agnósticos y ateístas!) pueden estar, por todas las apariencias externas, más en línea con los propósitos de Jehová en el mundo—como se ha proclamado en las Escrituras y el testimonio de fieles por los siglos—que las comunidades e individuos cristianos. Cualquiera que se haga amigo de personas fuera de la iglesia se dará cuenta que con frecuencia uno encuentra gente que no es cristiana más respetuosos, más abiertos a escuchar y dialogar, y tal vez más apasionados por los necesitados, que muchos que constituyen la base de las iglesias cristianas. En cierto sentido, esta evidencia empírica debería avergonzar a la iglesia y la debería llevar a hacer un inventario de las razones por las que no es más fiel a las enseñanzas y el ejemplo cristiano. Pero en otro sentido más básico, esas instancias deberían hacer humilde a la iglesia, precisamente en el reconocimiento que la obra de Jehová en el mundo no se limita a la iglesia. Jehová es más grande que la iglesia y, por esta razón, Jehová puede juzgar y llamar a la iglesia a cumplir con su llamado. Y esa disciplina puede venir de personas y lugares inesperados.

Ese reconocimiento radicaliza la sugerencia original hecha dos capítulos atrás sobre el *imago Dei*. Cuando uno habla de los humanos creados a la imagen del dios cristiano, la referencia no incluye solamente a los que temen o aman a Jehová. No, esta categoría se extiende a todos los humanos, sin importar si ellos se consideran o no seguidores de Cristo. Si Jehová es el bien último, entonces, cuando los humanos operan dentro del bien, en cierto sentido operan en conformidad con su identidad como creaturas de Jehová. Es cierto que ellos (como todos los humanos, incluyendo los cristianos) viven en conflicto por las restricciones asociadas con la vida después de la caída. Pero esa condición no es total, tanto para el creyente como para el pagano. Ambos, creyentes y paganos, son creaturas de Jehová y se parecen a Jehová de muchas maneras en sus vidas. Y tienen esa capacidad de parecerse a Jehová porque nunca cesan de ser creaturas de Jehová.

La iglesia debe estar en los negocios de Jehová, es decir, ayudando en la sanidad y la restauración del mundo y uniéndose a las fuerzas fuera de la iglesia que comparten estas metas, todo esto en el poder y la presencia del Espíritu Santo. Sanar y restaurar no es simplemente proclamar a Jehová y buscar la salvación de las almas. Las almas están encarnadas en cuerpos y los cuerpos tienen necesidades. Jesús enseñó a las multitudes, pero también satisfizo sus necesidades al proveerles comida y sanidad para sus enfermedades. Es increíble observar como los cristianos muchas veces no reconocen los aspectos materiales del modo de vida del evangelio. Cuando reconozca que el evangelio se extiende a toda la creación, los cristianos deben unirse con otros en el mejoramiento de la condición humana y de toda la tierra, de manera más amplia.

Cuando la iglesia hace esto, lo hace como iglesia y su testimonio debe dirigirse explícitamente a comunicar dicha justificación. La afirmación debe hacerse de esta manera: "Estamos socorriendo o protestando porque somos cristianos." La identidad es integral a la acción, pues toda acción se juzga y evalúa por sus motivos. La iglesia debe estar abierta a su motivo principal: que al comprometerse en esos esfuerzos intenta proclamar el reinado de Jehová. Esa afirmación explícita es crucial para realizar esos esfuerzos de forma sostenida, porque con el tiempo la "causa" o la "necesidad" pueden volverse obsesionante. Además, dichos esfuerzos pueden politizarse y coaptarse de formas poco útiles. La iglesia necesita ser explícita e intencional acerca de su identidad completamente, de modo que al mundo en general queda claro que la iglesia no aprueba necesariamente cuando esos esfuerzos son controlados por otros para sus propios fines sociales y políticos. La expresión explícita de su identidad y misión significa que la iglesia debe buscar otros socios en la sanidad y restauración del mundo, cuando los esfuerzos previos han sido coaptados o sobre-determinados por fuerzas ajenas o antagonistas al testimonio de la iglesia.

Un Enfoque Pragmático

Con el énfasis de sanidad y restauración, la visión que aquí se ofrece es pragmática. Los cristianos no pueden ofrecer una respuesta al "por qué" que satisfaga a todos los partidos interesados. De hecho, ese no es su papel. En ningún lugar de las Escrituras se asocia el llamado al discipulado con contestar preguntas. Las Escrituras no nos dan una respuesta al "por qué," como a veces se piensa, y los cristianos tampoco deberían meterse a los negocios de ofrecer respuestas. Más bien, el llamado al discipulado es para alcanzar al perdido y necesitado con las buenas nuevas de sanidad y restauración que Jesucristo proclamó y encarnó.

En vista de estas consideraciones, es apropiado decir que la respuesta principal cristiana sobre mal, el sufrimiento y la muerte *no es explicar, sino la de sentir con el propósito de hacer algo que ayuda.*

Las explicaciones son buenas hasta cierto punto, pero es cuestionable hasta qué punto se pueden ofrecer explicaciones en ciertas circunstancias. A menudo, se buscan explicaciones para tener cierto sentido de orden en medio del caos. Deseamos encontrar pronto un culpable o la causa subyacente para atribuir la culpa necesaria para continuar viviendo con el falso sentido de seguridad y protección que (falsamente) promovemos. Pero el mundo no es seguro, ni predecible, ni ordenado. Como se bosquejó anteriormente, el mal y sus efectos concomitantes de dolor, sufrimiento, pecado, y muerte son absurdos. De nuevo, el mal no es un problema que atraiga una solución muy calculada y estudiada. En vista de las abstracciones y la objetividad requerida para su formulación, las explicaciones de cara a la tragedia y las pérdidas pueden resultar tautológicas—y hasta violentas en términos de violar y silenciar voces y de ignorar detalles y circunstancias, todo por el establecimiento rápido y "necesario" del "orden." Todo orden afirmado sobre violencia es, en el mejor de los casos, tenue.

La Biblia y los cristianos en el pasado generalmente no se pusieron a dar explicaciones simples y, presumiblemente, exhaustivas del mal, el sufrimiento, y la muerte. Como Stanley Hauerwas ha notado, los cristianos primitivos optaron por evadir explicaciones y escogieron las prácticas y formas de vida en comunidad que crearían el apoyo y los medios para movilizarse en medio del sufrimiento. Por esta razón, el sufrimiento no es un problema metafísico que necesita una solución, sino un desafío práctico que requiere una respuesta por parte de la iglesia llena del poder del Espíritu.

En vista de las incertidumbres epistemológicas y las posibilidades de violencia que las explicaciones engendran, es profundamente problemático cuando los cristianos usan el tipo de razonamiento que "esto es así o asá." Este tipo de razonamiento opera desde un nivel de omnisciencia que también es problemático. Algunos se ponen el manto de profetas y creen que pueden decir que este desastre o aquella catástrofe es un juicio que Jehová asesta por la culpa colectiva de un grupo o una sociedad. Estos arrebatos huelen a proyección. Este tipo de actividad no es solamente una mala aplicación del testimonio profético, también mina la viabilidad del evangelio en el área pública. Los cristianos corren mucho riesgo de una crisis de credibilidad cuando usan el razonamiento de "esto es así o asá." También se ponen en riesgo ellos mismos, al desarrollar una disposición de auto-endurecimiento que tiene como base la tendencia a distanciarse de los horrores y a analizar y explicar en lugar de sentir compasión, amor, y tristeza. Como se observó anteriormente en este estudio, las explicaciones de las teodiceas violentan no solamente a otros, sino también a los que las promulgan.

Lo que se pierde a menudo en el afán de dar explicaciones es que las reacciones hacia el sufrimiento, las pérdidas, el mal, y la muerte son actividades morales. Estas reacciones afectan a otros y a uno mismo de forma profunda, porque esas instancias tocan el núcleo del significado de la vida y lo que significa ser humano. Esa es la razón por la que el dolor y el sufrimiento nos moldean de manera profunda, porque va al grano de los mitos que perpetuamos acerca de nosotros y nos obligan a luchar a brazo partido con nuestra humanidad, nuestra mortalidad, y nuestras limitaciones. La teodicea corre el riesgo de deshumanizar al individuo y a los demás cuando pretende objetividad fría, imparcialidad, y desapego, requeridas para las explicaciones. Contestar sin reparos la pregunta del "por qué," cuando no hay respuestas, es deshumanizante.

Una respuesta más humana (y humanitaria) en vista de las tragedias y privaciones es sentir. No es fácil sentir algo por los demás y, menos aún, en nuestra cultura saturada de medios de comunicación. Horrores y tragedias circulan las veinticuatro horas del día en los noticieros; llegan a ser los eventos de comunicación que llaman nuestra atención, interés, y disgusto. Con el tiempo, los equipos de noticias buscan otros eventos y, lo que era la noticia principal de una semana, se vuelve cosa del pasado; la gente se aburre y olvida. Cuando las tragedias se vuelven espectáculos, es difícil sentir algo genuino por los demás. Después de tantos segmentos y filmaciones, la gente pierde sensibilidad y se vuelve indiferente. La sobreexposición a través de unos lentes o una perspectiva tienen la propensión a cansar con el tiempo.

Lo que aquí se entiende por la frase "sentir" es estar genuinamente involucrado. En este sentido, lo que rodea a una persona pone ciertas demandas en su vida, como cuando uno busca aceptar el mundo con el amor de Jehová, una forma de amor que es pleno y generativo, en lugar de contingente y reactivo. Por supuesto, ese tipo de involucramiento es desestabilizador y arriesgado; también es imposible involucrarse en la totalidad del dolor y la privación que el mundo sufre. Una persona no puede cargar con todo. Pero sí es cierto que los cristianos han sido llamados a cargar, porque su

Señor llevó una vida llena de cargas. La vida cristiana es una de cargar con el peso de otros. Esa disposición es *ágape*, *kenosis*, y auto-sacrificio; para decirlo en pocas palabras: es como Cristo.

Y así, para que el verdadero compromiso tome lugar, el sentimiento debe llevar a la acción. En lugar de postular análisis y teorías, los cristianos deben dedicarse al negocio de la sanidad y la restauración del mundo a la luz de su visión del reinado de Jehová. Los cristianos no pueden establecer este reino o causarlo por esfuerzo propio, pero lo pueden proclamar. Esta proclamación no mera actividad verbal, sino un asunto práctico. El meollo de lo que significa ser luz del mundo y sal de la tierra es vendar las heridas, reparar los quebrantos, y satisfacer las necesidades.

Esta postura puede categorizarse como un enfoque pastoral-teológico. Una de las dificultades de la forma como se ve la iglesia en los contextos contemporáneos y "desarrollados" es la de concebir colectivamente a los ministros como una agencia orientada al servicio del laicado. Los pastores, sacerdotes, y otros oficiales de la iglesia se suponen que carguen con el peso de la congregación y cargarlo por lo general solos y aislados. Con ese tipo de mentalidad, no es ninguna sorpresa que la soledad y el agotamiento sean las causas principales de la insatisfacción y fracaso ministerial. Hay simplemente muchas cargas en una congregación para un equipo pastoral, mucho más para que las cargue un solo pastor. La comunidad cristiana no esta supuesta a funcionar de esa manera. Como comentó Dietrich Bonhoeffer, la comunidad cristiana existe bajo el entendido que nos presentamos a Cristo unos a otros. En otras palabras, estamos supuestos a ser pastores unos de otros. Todos en el pueblo de Jehová son pastores y se edifican unos a otros, puesto que las necesidades son muchas y vastas en una colectividad de individuos.

Si los cristianos han de ser pastores unos de otros, entonces, tienen la responsabilidad de involucrarse en un número de prácticas pastorales, que a lo mejor no les son naturales, pero que son vitales si la iglesia ha de ser iglesia, tanto para los que están dentro como fuera de sus paredes. Una de esas prácticas ya se ha aludido anteriormente: la suspensión de explicaciones en favor de sobrellevar las cargas unos a otros y la de sentir y caminar con otros. En un contexto ajetreado y frenético como el nuestro, llevar la cargas de otros puede ser una tarea muy difícil, pero no debe asignarse exclusivamente a la industria terapéutica especializada (tan útil como pueda ser). El comprometerse genuinamente con otros significa vivir en sacrificio y *kenosis*, aceptar lo que no es nuestro para fines de sanidad y restauración, y apoyar al necesitado. Este *modus operandi* no es una estrategia, sino una disposición y un acercamiento al mundo en general.

A la luz de estas reflexiones, ser pastoral no significa instrumentalizar o despersonalizar a los demás. Es fácil ver a los demás como casos o proyectos de caridad, pero esta forma de verlos es in-dignificante y deshumanizante. La gente, dentro o fuera de la iglesia, no son "cosas" (causas, almas con necesidad de salvación, o cualquier otra etiqueta); al contrario, son creaturas de Jehová creadas a su imagen y semejanza. Los seres humanos tienen nombres; tienen historias y experiencias; tienen necesidades y deseos, alegrías, y penas. Llevar las cargas de otros significa ahondar en la humanidad que compartimos y afirmar ese vínculo en común. Nadie está exento de sentirse solo, estar con hambre, experimentar el dolor o una pérdida. Por esa razón, no podemos tratar al otro simplemente como una categoría o número. Si los tratamos de esa manera, los perjudicamos a ellos y a nosotros mismos.

Otra práctica que es importante mencionar es la de escuchar y acompañar a los demás. A menudo, las explicaciones salen a relucir porque el "cuidador" quiere resolver los problemas de otros. Estas tendencias son fáciles de cultivar en una cultura en la que nos movemos tan rápidamente y conocemos tanta tecnología. Pero hay situaciones que no se pueden arreglar. La gente no necesariamente quiere que se le diga: "Todo va a salir bien," "Dios tiene un plan para usted," o "Entiendo por lo que está pasando, porque yo pasé por algo parecido hace cinco años." Debe haber cierto sentido de decoro cuando se llevan las cargas de otros, o sea, que los que están en el ministerio de ayuda en tiempo de crisis deben resistir la tendencia de querer hacer las cosas más tolerables. No es nada agradable estar en una sala donde alguien grita y llora histéricamente o cuando se reclama a voces que expliques por qué Jehová ha permitido algo. Es sumamente gravoso observar niños que ven a sus padres ser enterrados o a una madre cuando se le informa que su hijo sufre de una enfermedad crónica incurable. Estos casos obviamente lastiman a los afectados, pero también lastiman a sus allegados, y los hace sentir incómodos, fuera de lugar, y sin control.

En esos momentos, a menudo por la necesidad de ayudar y confortar a otros y a ellos mismos, la gente hablan más de lo que deben y pueden hasta terminar perjudicando a la otra persona. El que escribe es de la idea que nadie, en su afán de ayudar a otro, debe ofrecer consejos como, "No se preocupe, Dios está en control y esto está en sus planes." Hay personas que ayudan y asisten a otros que causan más daño al tratar de llenar el vacío creado por el caos y el mal y causan más dolor con trivialidades y explicaciones absurdas y sin verificación. Si alguien muere, ¿Quién es uno para decir que Jehová la necesitaba en este momento? ¿Cómo vamos a saber eso? ¿Acaso no necesitamos a la gente en la tierra? Honestamente, ¿cómo vamos a saber que era el tiempo para que esa persona muriera, especialmente si se trata de un infante o un adolescente? ¿Cómo vamos a comprometernos con las personas, si no les permitimos expresar su enojo, su tristeza, y su molestia cuando su mundo ha sido sacudido hasta sus cimientos?

Con frecuencia, cuando se ofrecen estas "palabras de consuelo," la gente que la recibe se amarga y molesta con la iglesia y con Jehová, puesto que los que se autodenominan como cristianos, en su afán impertinente de ayudar a otros, implican tanto a Jehová como a la iglesia. Cuando se trata de situaciones delicadas, como las antes mencionadas, las buenas intenciones no son suficientes. Estas consideraciones muestran que escuchar y dar a la gente su espacio son sensibilidades vitales cuando tratamos con el mal, el dolor, y la muerte.

Y no se trata de *si* vamos a tratar con estos eventos, es más bien *cuando*. Vivir en un mundo caído significa que vivimos lado a lado con la constante amenaza del mal, el pecado, el sufrimiento, y la muerte. Todos vamos a sufrir. Sin duda, algunos parecen sufrir más "de lo debido," pero, al final, todos sufrimos; todos comprobamos el mal en nuestra vida; y todos enfrentamos la muerte en cierto momento de nuestra existencia. Esta sensibilidad no es necesariamente morbosa. Ella constituye un sobrio realismo de cómo son las cosas.

Y, sin embargo, los cristianos son llamados a vivir en paz y con gozo y amor. ¿Podemos vivir vidas significativas a sabiendas que vamos a morir? ¿Es posible apreciar la belleza y la verdad en medio del deterioro y la falsedad? El desafío de la vida cristiana es abordar la vida no como una tragedia, si no como una posibilidad promisoria y esperanzadora. Los cristianos creen que sus vidas llegarán a su fin como una bendición, que como creaturas de Jehová experimentarán la muerte, pero como una transición para reunirse con su Creador. Y porque este creador quiso sanar y restaurar todas las cosas, como se evidencia por la vida, muerte, y resurrección de Jesús, los cristianos tienen más razón para ser un pueblo de la esperanza. La creación tiene un futuro esperanzador, porque su futuro es la Trinidad.

El evangelio cristiano proclama que no es necesario enfrentar el mal, el pecado, el sufrimiento, y la muerte pusilánimemente. Podemos enfrentar esas realidades porque Jehová ya las enfrentó antes que nosotros y salió de ese encuentro victorioso, como Señor, como el dador y restaurador de la vida. Con una esperanza como esta, los cristianos, junto con toda la creación, pueden proclamar: "¡Maranatha!"—"¡Ven, Señor nuestro!"

www.ingramcontent.com/pod-product-compliance
Lightning Source LLC
Chambersburg PA
CBHW032013040426
42448CB00006B/617